역사는 지나치게 자세히 설명하면 지루하고 딱딱할 수 있고, 그렇다고 재미 위주로만
풀어가다 보면 역사의 본질을 놓칠 수 있지요. 그런데 이 책은 재미와 역사의 본질, 두
마리 토끼를 다 잡은 것 같아요.

— 김현애 서울영림초등학교 교사

단순한 역사적 사실 암기가 아닌 원리와 근본을 이해할 수 있습니다.

— 박성현 상일초등학교 교사

《용선생의 시끌벅적 한국사》를 사회 교과서와 함께 갖고 다니라고 얘기하고
싶습니다. 가장 빠르고 꼼꼼하게 역사 공부를 시작할 수 있는 입문서라고 생각합니다.

— 이종호 순천도사초등학교 교사

아이들이 힘들어하는 역사가 암기 과목이라는 생각에서 벗어나 '왜?'라는
질문만으로도 충분히 멋진 수업이 가능하다는 점을 보여 주고 있습니다.
초등학생뿐 아니라 중학생들에게도 좋은 책입니다.

— 정의진 여수여자중학교 교사

이 책은 시간, 공간, 인간을 모두 다루면서도 전혀 어렵거나 지루하지 않습니다.
내가 주인공들과 함께 역사 여행을 하는 것 같습니다. 이 책을 읽은 6학년 여학생은
"작년에 교과서에서 배웠던 것이 이제야 이해가 돼요"라고 하더군요.

— 황승길 안성초등학교 교사

✔ 읽기 전에 알아두기

❶ 이 책은 2016년 《용선생의 시끌벅적 한국사(전면 개정판)》을 증보·개정하여 출간하였습니다.

❷ 보물, 국보, 사적은 문화재보호법 시행령[대통령령 제32111호]에 의거하여 지정번호를 삭제하여 표기하였음을 알려드립니다.

❸ **저자 현장 강의 전면 개정판**에서는 책 속의 QR코드를 통해 영상을 보실 수 있습니다. QR코드를 스캔하여 회원 가입 및 로그인 진행 후 도서 구매 시 제공된 쿠폰의 시리얼 넘버를 등록해 주세요.

▶ 영상 재생 방법

▲ 용선생 현장 강의
영상 재생 방법

- 회원 가입 후에는 로그인을 위해 다시 한번 QR코드를 스캔해 주세요.
- 시리얼 넘버는 최초 한 번만 등록하면 됩니다. 등록된 시리얼 넘버는 변경하거나 양도할 수 없습니다.
- 로그인이 되어 있으면 바로 영상이 재생됩니다.
- '참고 영상'은 링크 영상으로 시리얼 넘버 인증 없이 바로 시청 가능합니다.
- '용선생 현장 강의' 영상은 **용선생 클래스**(yongclass.com) 홈페이지를 통해 PC로도 시청하실 수 있습니다.
- **저자 현장 강의 전면 개정판**을 구매하지 않은 독자님은 용선생 클래스 홈페이지에서 결제 후 '용선생 현장 강의' 전체 영상을 보실 수 있습니다.

용선생의 시끌벅적 한국사

글 김우택
서울대학교 국사학과를 졸업하고 같은 학교 대학원에서 〈10~12세기 高麗 選擧制의 운영 원리와 변천〉으로 박사 학위를 받았습니다. 현재 서울대학교 등에서 한국사를 강의하고 있습니다. 지은 책으로 《으랏차차! 이야기 한국사 24 – 거란을 물리친 고려》가 있으며, 논문으로는 〈11세기 보주 영유권 분쟁과 고려의 대응〉이 있습니다.

글 금현진
서울대학교 국어교육과를 졸업하고 월간 《우리교육》에서 기자로 일하였고, 엄마가 된 후 어린이책 작가가 되었습니다. 이 책을 쓰기 시작하면서 어떻게 하면 역사를 어려워하는 우리 아이들에게 역사를 올바르고 재미있게 알려 줄 수 있을까 계속 고민했습니다. 이를 위해 여러 책과 논문들을 읽고, 우리 역사를 생생하게 담아내기 위해 역사의 현장을 직접 돌아보기도 했습니다. 역사 공부에 첫발을 내딛는 어린이도 혼자 읽고 이해할 수 있는 책을 만드는 데 공을 들였습니다.

글 송용운
연세대학교에서 경제학을 공부했고, 같은 학교 대학원에서 한국사(고려 시대사)를 전공했습니다. 명지대학교 등에서 강의하면서 '교육'에 대해 고민하기 시작했습니다. 요즘은 쉽고 재밌는 역사책 만들기에 몰두하고 있습니다. 현재 사회평론 역사연구소 연구원으로 역사책을 만들고 있습니다.

그림 이우일
홍익대학교에서 시각디자인을 공부한 만화가입니다. '노빈손' 시리즈의 모든 일러스트레이션을 그렸으며 지은 책으로는 《우일우화》, 《옥수수빵파랑》, 《좋은 여행》, 《고양이 카프카의 고백》 등이 있습니다. 그림책 작가인 아내 선현경, 딸 은서, 고양이 카프카, 비비와 함께 그림을 그리고 글을 쓰며 살고 있습니다.

정보글 송용덕
서울대학교 국사학과를 졸업하고 같은 학교 대학원에서 박사 과정을 수료하였습니다. 국사편찬위원회에서 편사연구사로 활동하고 있으며, 주로 고려 시대 국경 문제를 연구하고 있습니다. 지은 책으로 《으랏차차! 이야기 한국사 23 – 고려의 기틀을 다져라》, 《으랏차차! 이야기 한국사 27 – 고려의 혼란이 시작되다》 등이 있습니다.

지도 박소영
홍익대학교 시각디자인과를 졸업한 후 어린이 교육용 소프트웨어 개발 일을 하며 틈틈이 만화를 그리던 것이 일러스트레이션 일을 시작하는 계기가 되었습니다. 쉽고 재밌는 그림으로 이야기를 풀어 나가려 노력하고 있습니다.

지도 조고은
애니메이션과 만화를 전공했으며 틈틈이 그림과 만화를 그리는, 계속해서 공부하고 배우는 중인 창작인입니다.

기획 세계로
1991년부터 역사 전공자들이 모여 함께 고민하고 연구하며 한국사와 세계사를 가르치고 있습니다. 역사를 주제로 한 책을 읽어 배경지식을 쌓고 이에 대해 자신의 생각을 이야기하는 '독서 토론 프로그램', 우리나라와 세계 여러 나라의 역사, 문화 현장을 답사하며 공부하는 '투어 캠프 프로그램'을 운영하고 있습니다. 지은 책으로는 《이선비, 한옥을 짓다》 등 역사 동화 '이선비' 시리즈가 있습니다.

검토 및 추천 전국초등사회교과모임
전국 초등학교 선생님들이 모여 활동하는 교과 연구 모임입니다. 역사, 사회, 경제 수업을 연구하고, 학습 자료를 개발하며, 아이들과 박물관 체험 활동을 해 왔습니다. 현재는 초등 교과 과정 및 교과서를 검토하고, 이를 재구성하는 작업을 통해 행복한 수업을 만드는 대안 교과서를 개발하는 데 힘쓰고 있습니다.

자문 및 감수 정요근
서울대학교 국사학과를 졸업하고 같은 학교 대학원과 하와이주립대학교에서 석사 학위를, 서울대학교 대학원에서 〈고려·조선 초의 역로망과 역제 연구〉로 박사 학위를 받았습니다. 현재 서울대학교 역사학부 교수로 재직 중이며, 〈여말선초 군현 간 합병·통합과 신읍치의 입지경향〉 등 다수의 논문을 발표한 바 있습니다. 함께 지은 책으로 《고려의 황도 개경》, 《개경의 생활사》 등이 있습니다.

문화유산 자문 오영인
서울대학교 대학원 고고미술사학과에서 도자사학 전공으로 석사·박사 학위를 받았습니다. 서울대학교에서 강의를 진행하고, 국가유산청 문화유산 감정위원으로 근무했습니다. 현재 사회평론 역사연구소 연구원으로 역사책을 만들고 있습니다.

4
고려의 기틀을 다지다

글
김우택 금현진 송용운

그림
이우일

기획
세계로

검토 및 추천
전국초등사회교과모임

자문 및 감수
정요근

사회평론

초대하는 글

여러분! 시끌벅적한 용선생의 한국사 교실에 오신 것을 환영합니다.

먼저 기억에 관한 어느 실험 이야기를 소개할까 해요. 기억 상실증에
걸린 환자들과 평범한 사람들이 똑같은 질문을 받았대요. "당신은 지금 바닷가에
서 있습니다. 앞에 펼쳐져 있는 모습을 상상해 보세요. 자, 뭐가 보이나요?" 질문을
받은 평범한 사람들은 하얗게 부서지는 파도며 노을 지는 해변, 물장구치는 아이들,
또는 다정한 연인의 모습을 떠올리고는 그로부터 여러 가지 상상을 풀어 놓았답니다.
그런데 기억을 잃은 사람들의 대답은 아주 간단했어요. 그들이 떠올릴 수 있는
것이라곤 그저 '파랗다'는 말뿐이었대요. 물론 기억 상실증에 걸린 사람들도 바다가
어떤 곳인지 모르지 않습니다. 파도나 노을, 물장구 같은 말들에 대해서도 알고
있고요. 그런데도 그들은 바닷가의 모습을 그려 내지는 못한 거지요. 이쯤 되면
기억이란 것이 과거보다는 현재나 미래를 위한 것이 아닌가 싶은 생각도 듭니다.
그래서 과학자들은 이 실험 이후 기억에 대해 새로운 해석을 내리게 되었대요. 기억은
단순히 과거의 일들을 기록해 두는 대뇌 활동이 아니라, 매 순간 변하는 현재와 다가올
미래를 대비하기 위한 '경험의 질료'라고요.

재미난 이야기지요? 우리가 역사를 공부하는 이유에 대해서도 새삼 생각하게 하는
이야깁니다. 한 사람의 기억들이 쌓여 인생을 이룬다면, 한 사회의 기억들이 모여
역사가 됩니다. 무엇을 기억할지, 또 어떻게 기억할지에 따라 우리의 현재와 미래는
달라지겠지요. 그래서 이런 말도 있답니다. '역사에서 배우지 못하는 이들에게는
미래가 없다!'

책의 첫머리부터 너무 무거웠나요? 사실 이렇게 거창한 말을 옮기고는 있지만, 이
책의 저자들은 어디 역사가 뭔지 가르쳐 보겠노라 작정하고 책을 쓴 것이 아니랍니다.
오히려 그 반대였지요. 이 책을 쓰는 동안 우리는 처음 역사를 공부하던 십대 시절로

돌아갔어요. 시작은 이랬습니다. 페이지마다 수많은 인물과 사건들이 와장창 쏟아져 나오는 역사책에 대고 '그건 무슨 뜻이죠?', '대체 무슨 일이 있었던 건데요?' 하고 묻게 되는 거예요. 그것으로 끝이 아니었어요. 겨우 흐름을 잡았다 싶으면 이번엔 '정말이에요?', '왜 그랬을까요?', '그게 왜 중요한데요?' 하며 한층 대책 없는 물음들이 꼬리를 잇더군요. 그럴 때마다 우리를 도와준 것은 바로 이 책의 독자인 여러분이랍니다. 여러분도 분명 비슷한 어려움을 겪으며 무수한 물음표들을 떠올릴 거라고 생각하니, 어느 한 대목도 허투루 넘길 수가 없었어요.

  하여, 해가 바뀌기를 여섯 번! 짧지 않은 기간 동안 이 책의 저자와 편집자, 감수자들은 한마음으로 땀을 흘렸답니다. 우리는 무엇보다 과거에 일어난 일들을 최대한 있는 그대로 파악하려는 노력과 다양한 관점에 따라 풍부하게 해석해 내려는 노력을 동시에 기울이고자 했어요. 널리 알려진 역사적 지식이라도 사실과 다른 점은 없는지 다시 검토했고요. 또 역사책을 처음 읽는 학생들이라도 지루하지 않게 한국사 전체를 훑을 수 있도록 하기 위해 흥미진진한 구성, 그리고 쉽고 상세한 설명에 많은 공을 들였답니다. 한국사를 공부하는 일은 오늘 우리 자신의 모습을 뿌리 깊이 이해하는 일이자, 앞으로 써 갈 역사를 준비하는 과정이기도 해요. 그 주인공인 여러분을 초대합니다. 유쾌하고도 진지하고, 허술한 듯 빈틈이 없는 용선생의 한국사 교실로 들어오세요!

금현진

차례

등장인물

'용쓴다 용써'
용선생

허술하지만 열정만은 가득한 선생님. 하늘을 향해 거침없이 솟아나 있는 용머리와 지저분한 수염이 인간미(?)를 더해 준다. 교장 선생님의 갖은 핍박에도 불구하고, 생생한 역사 수업을 위해 물불을 가리지 않는다.

'장하다 장해'
장하다

'튼튼하게만 자라 다오.'라는 아버지의 소원대로 튼튼하게만 자랐다. 공부는 꽝이지만,성격은 짱이어서 시험을 못 봐도 씩씩하고, 애들이 공부 못한다고 놀려도 씩씩하다.

'오늘도 나선다'
나선애

똑소리 나는 우등생. 공부도 잘하고 아는 게 많아서 잘 나선다. 차갑고 얄미워 보이지만, 사실 누구보다 따뜻한 마음을 가지고 있다. 티는 안 나지만.

'자나 깨나 고려 걱정'
태조 왕건

고려를 세운 장본인. 목표는 고려의 기틀을 튼튼히 하는 것! 이를 위해 '호족 감싸 안기 프로젝트'를 실행한다. 벼슬도 주고, 재산도 주고, 때론 세력가의 딸과 결혼까지 했다고.

'왕의 위엄을 보여 주마!'
광종

억울하게 노비가 된 사람들을 풀어 주고, 실력에 따라 관리를 뽑는 등 개혁을 실시했다. 반면 말 안 듣는 신하들을 가혹하게 혼내 주기도 했다. 이게 다 '왕권 강화'를 위해서라는데……?

'협상의 달인'
서희

거란의 대군이 고려로 쳐들어오자, 모두가 항복하자고 했다. 이때 거란 장수 소손녕을 찾아가 일대일로 협상을 시도한 '간 큰 남자.' 과연 그 결과는? 3교시에서 확인해 보자!

'잘난 척 대장'
왕수재

이 세상에서 자기가 제일
잘난 줄 안다. 그래서
친구가 없는데도 담담하다.
'천재는 외로운 법이고,
질투의 대상인 법'이라나.
근데 사실 깐족거리는 데
천재적이다.

'엉뚱 낭만'
허영심

엉뚱 발랄한 매력을 가진
역사반의 분위기 메이커.
뛰어난 공감 능력으로
웃기도 울기도 잘한다.
반짝반짝 빛나는
역사 유물을 좋아한다.

'깍두기 소년'
곽두기

애교가 넘치는 역사반 막내.
나이도 가장 어리고, 타고난
동안이라서 언뜻 보기엔
유치원생 같다. 하지만 훈장
할아버지 덕분에 어려운
한자를 줄줄 꿰고 있는 한자
신동이기도 하다.

'여진족, 물러나라!'
윤관

특별히 만든 군대인 '별무반'을
이끌고 나가, 슬금슬금 고려
국경을 침입하는 여진족을
몰아냈다. 그 자리에 성을
9개나 쌓아 방어선도
만들었는데, 얼마 후 그 성들을
포기해야만 했으니…….

'권력에 눈멀다'
이자겸

대대로 왕실과 결혼하여 권력을
잡아 온 '경원 이씨' 집안 출신.
권력을 위해서라면 못하는
게 없다. 자기 딸을 손자에게
시집보내는가 하면, 왕을
독살하려고까지 한다. 그의
폭주, 누가 막을 수 있을까?

'험난한 인생'
인종

어린 나이에 즉위하여
외할아버지의 허수아비
노릇을 했다. 하지만 어른이
되어 외할아버지를 몰아냈다!
나쁜 기억을 털고 '새 출발'을
준비하는 그의 앞에 묘한
스님이 나타나는데……?

신라의 호족들이 점점 세력을 키워 가는 가운데 유독 힘이 센 실력자들이
나타났어. 이들은 앞장서서 농민 봉기를 이끄는가 하면, 신라는 더 이상
희망이 없다며 아예 새로운 나라를 세우기도 했지. 후백제를 세운 견훤,
후고구려를 세운 궁예, 또 궁예를 몰아내고 왕이 된 왕건이 바로 그런 인물들이었어.
신라와 후백제, 후고구려가 힘을 다해 경쟁하던 이 시기를 후삼국 시대라고 부른단다.

896
붉은 바지
농민군이
경주까지
쳐들어오다

견훤이
후백제를
세우다

궁예가
후고구려를
세우다

왕건이
왕위에
오르다

고려가
후삼국을
통일하다

왕건이
《훈요 10조》를
남기다

900

901

918

936

943

정선의 〈단발령 망금강〉

후삼국 시대, 영웅들의 힘겨루기

✔ **알고 있는 용어에 체크해 보자!**

☐ 후백제 ☐ 후고구려 ☐ 후삼국 시대
☐ 고려 ☐ 후삼국 통일

"이상하네. 수재랑 선애가 왜 안 오지?"

장하다의 말에 허영심도 같은 생각을 하고 있었는지 고개를 갸웃거렸다.

"그러게. 선생님이야 가끔 늦으시지만, 제일 일찍 오던 둘이서 나란히 지각이라니⋯⋯."

그 순간 교실 문이 열리더니 나선애가 척척 걸어 들어왔다.

"나는 후백제를 세운 견훤이다! 모두 나를 따르라!"

나선애는 손에 들고 있는 장난감 칼을 번쩍 들어 올리며 아이들을 향해 소리쳤다.

"뭐래⋯⋯?"

황당한 표정의 아이들 앞에 이번엔 왕수재가 거드름을 피우며 나타났다.

"이 몸은 후고구려를 세운 위대한 궁예다. 어? 거기 장하다! 지금

속으로 내 흉을 봤지? 나는 사람들 마음속을 다 읽을 수 있다고. 조심해, 너!"

마지막으로 등장한 것은 왕(王) 자를 새긴 머리띠를 두른 용선생이었다.

"깜짝 놀랐지? 선애는 견훤, 수재는 궁예, 나는 왕건! 우리 세 사람은 후삼국 시대를 활짝 연 주인공들이야."

"뭐예요? 우리만 쏙 빼놓고 연극을 꾸미셨단 말예요? 치……."

장하다가 턱을 쑥 빼며 투덜거렸다. 하지만 허영심이 "그냥 앉아서 구경하는 게 더 편하고 좋지 뭘" 하고 소곤거리자, 금세 그 말이 맞는 것 같다고 생각했다.

"선생님, 후삼국 시대면 시대가 바뀐 거네요? 그새 신라가 망한 건가요?"

곽두기가 물었다.

"아직은 아니야. 잘 들어 보렴. 9세기 무렵, 신라에서는 호족들의 세력이 아주 커졌어. 그중에서도 특히 힘이 센 사람들은 신라를 대신할 새로운 나라를 세우고 스스로 새 나라의 왕이 되었어. 좀 전

에 각자 말했듯이 여기 있는 견훤은 후백제를 세웠고, 궁예는 후고구려를 세웠어. 그리고 신라가 아직 완전히 무너지지 않고 혼란기를 겪고 있었지. 그 사이에 신라와 함께 남북국 시대를 이끌던 발해는 926년에 멸망했고. 그러니 신라와 후백제, 후고구려 세 나라가 서로 옥신각신 힘을 겨루던 이 시기를 후삼국 시대라고 부르는 거야.”

“견훤은 후백제를 세웠고 궁예는 후고구려를 세웠다고 했는데, 선생님은 뭘 하셨어요?”

허영심이 선애와 수재를 차례로 가리키며 물었다.

“내가, 그러니까 왕건이 뭘 했느냐? 이따가 자세히 알려 줄게. 먼저 후백제의 견훤부터 만나 보자!”

나선애가 또랑또랑한 목소리로 자기를 소개하기 시작했다.

군인 출신 견훤이 세운 후백제

"나는 867년에 신라 사벌주에서 태어났어. 지금으로 치면 경상북도에 있는 상주 지역이지. 난 원래 농민 출신인데, 어려서부터 남다르게 용감하고 힘이 셌어. 그래서 나에 대해 멋진 전설이 생겨나기도 했지. 어떤 전설이냐면, 내가 젖먹이일 때 부모님이 나를 데리고 밭일을 하러 나갔대. 부모님은 밭일을 하느라 바빠서 나를 나무 아래에 눕혀 두었지. 근데 갑자기 '어흥' 하는 호랑이 소리가 들려왔어. 부모님이 깜짝 놀라서 보니까, 호랑이가 나를 덮치고 있는 거야! 근데 자세히 봤더니, 나를 해치기는커녕 오히려 젖을 물리고 있더래. 어때, 굉장하지? 난 호랑이가 젖을 먹일 정도로 대단한 아이였다 이거지!"

견훤 | 인물카드

내가 왕년에 호랑이 젖 좀 먹었대!

한마디로 잘난 분이란 거지!

이름 : 견훤
출신 : 군인
기반 지역 : 완산주
특기 : 호랑이 젖 먹기
성격 : 화끈

나선애가 미리 적어 온 종이를 살짝 펼쳐 본 뒤 재빨리 주머니에 집어넣었다.

"나는 열다섯 살 때 군인이 되었어. 군대에 들어간 뒤에도 용맹하기로 소문이 자자했지. 항상 앞장서서 싸웠고, 잠을 잘 때도 창을 베고 잤거든. 결국 나는 실력을 인정받아서 한 부대를 지휘하는 어엿한 장수가 되었어. 장보고가 죽은 뒤 서해안과 남해안에 다시 나타난 해적들을 무찌르면서 나는 점점 더 유명해졌어. 나는 전쟁터를 돌면서 신라의 백성들이 고통받는 모습을 숱하게 지켜보았어. 하지만 귀족들이나 왕족들은 한심하기 짝이 없는 모습만 보여 주었지. 나는 신라의 군인이었지만, 갈수록 신라에 맞서고 싶은 마음이 커졌어. 기회를 잘 잡으면 내가 큰 힘을 쥘 수 있을 거란 생각도 들었고. 그래서 결심했지.

'썩을 대로 썩은 이 신라에 충성을 바치느니, 내가 새로운 나라를 세우자!'

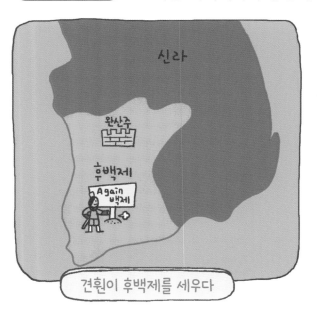

견훤이 후백제를 세우다

나는 여기저기서 농민 봉기가 일어나 어수선한 틈을 타서 군사들을 모았어. 나처럼 신라에 등을 돌린 군사들이 금세 5,000명이나 모여들었어. 나는 군사들을 이끌고 전라도 지역으로 쳐들어갔어. 이 지역은 옛날 백제 땅이라서 여전히 자신들을 백제의 백성이라고 여기는 사람들이 적지 않았어. 나는 그 점을 알고 일부러 이 지역으로 간 거야. 역시 내 생각이 맞았어! 백성들은 나를 환영했고, 나는 무진주와 완산주, 그러니까 지금의 광주와 전주 지역을 손쉽게 차지할 수 있었지. 나는 여기에 백제를 다시 세웠어. 내가 드디어 왕이 된 거야!"

"잠깐! 누나, 아깐 후백제라면서? 왜 백제야? 아니…… 왜 백제예요?"

반말로 묻던 곽두기는 나선애가 장난감 칼을 콩 내리치며 인상을 쓰자 얼른 말을 높였다.

"삼국 시대에도 백제가 있었잖아. 똑같이 백제라고 부르면 헷갈리니까 후대 사람들이 나중에 생긴 백제라고 '후백제'라고 부른 거야."

"에이, 그래도 웬만하면 나라 이름은 새로 짓지. 옛날 나라랑 똑같이 짓는 건 영 폼이 안 나는 것 같지…… 않나?"

저도 모르게 끼어든 허영심이 말끝을 얼버무렸다.

"모르는 소리! 백제 후손들의 마음을 얻으려면 그 이름을 쓰는 게 최고라고. 내가 딴 이름을 댔어 봐. 사람들이 그렇게 쉽게 나한테 협조하진 않았을걸? 내가 '다시 백제를 세워서 의자왕의 원수를 갚겠소!' 하고 외쳤을 때 사람들이 얼마나 반가워했는데? 나 견훤은 용맹하고 힘만 셌던 게 아니라 머리도 똑똑했다 이거지. 호호!"

나선애의 자기 자랑이 심해지자 영심은 고개를 싹 돌려 버렸다. 흥이 난 나선애가 장난감 칼을 붕붕 휘둘렀다.

"백성들의 마음을 얻은 나는 전라도와 충청남도 지역 대부분을 차지했어. 그리고 새 나라의 기틀을 다져 나갔어. 전주에 왕궁도 짓고 신하들에게 관직도 주었어. 주변 나라들로부터 공식적으로 나라로 인정받기 위해 중국의 여러 나라들과 북방의 거란, 바다 건너 일본에도 사신을 보냈어. 이 정도면 우리 후백제가 생겨나자마자 얼마나 힘센 나라로 성장했는지, 굳이 더 설명하지 않아도 알겠지."

말을 마친 나선애가 허리를 숙여 깍듯이 인사를 했다. 장하다가 "야, 잘한다!" 하며 박수를 짝짝짝 쳤다. 그러자 허영심이 "아유 시끄러, 살살 좀 쳐!" 하고 투덜거렸다.

견훤산성 경상북도 상주에 있는 산성으로, 견훤이 쌓았다 해서 견훤산성이라 불러. 견훤과 그의 아버지가 상주 출신이라는 기록 때문에 견훤이 쌓은 것으로 알려지게 된 것 같아.

버려진 왕자 궁예가 세운 후고구려

뒤로 물러나 있던 왕수재가 씩 웃으며 어슬렁 어슬렁 걸어 나왔다.

"이번엔 내 차례군. 나, 궁예는 신라의 왕자 였느니라."

왕수재가 한마디 하자마자, 나선애가 톡 끼어들었다.

"있잖아, 근데 어느 왕의 아들인지는 정 확히 모른대. 신라 왕자가 아닐 가능성도 있다던데."

왕수재가 나선애를 노려보며 "견훤, 너는 가 만히 있어!" 하고 소리쳤다. 그때 곽두기가 손을 번쩍 들었다.

"그런데 형, 왜 안대를 한 거…… 예요? 혹시 다래끼 났어요?"

왕수재는 좋은 질문이라는 듯 손끝으로 두기를 콕 가리켜 보이더 니, 갑자기 표정을 바꾸어 눈을 내리깔았다.

"이 눈 말인가. 여기엔 슬픈 사연이 있지. 나는 단옷날인 음력 5월 5일에 태어났어. 내가 태어날 땐 궁궐 지붕부터 하늘까지 신비로운 빛이 어른거렸어! 그리고 갓난아이인 내 입안엔 이미 이가 돋아나 있었고. 이상하게 생각한 내 아버지는 신하에게 그게 좋은 일인지

나쁜 일인지 물었어. 그러자 신하가 말도 안 되는 소리를 한 거야! '나쁜 징조입니다. 이 아이가 자라면 나라를 망하게 할 것입니다.' 그러자 아버지는 나를 죽이라고 명령했어. 명령을 받은 신하가 나를 포대기에 싸서는 처마 아래로 휙 던져 버렸지. 아무도 구해 주지 않았다면 그대로 죽고 말았을 거야. 하지만 밑에 숨어 있던 유모가 간신히 나를 받아 들었어! 살았다! 근데 유모가 나를 받을 때 그만 손가락으로 내 눈을 찌르고 말았어. 그래서 나는 한쪽 눈이 멀게 되었지. 유모는 나를 데리고 아주 멀리 달아났어. 유모 혼자서 날 몰래몰래 키웠으니, 얼마나 고생을 했겠어. 어쨌든 나는 애꾸눈이었지만 행복하게 잘 지내고 있었어. 그런데 그 다음에……."

말이 막힌 왕수재가 주머니 속에 넣어 둔 종이를 찾는 사이에 나선애가 다시 나섰다.

"자라나면서 궁예는 친부모가 자신을 죽이려 했다는 사실을 알게 돼. 그래서 신라 왕실에 원한을 품게 되지."

"아, 진짜! 지금은 내가 주인공이거든?"

"누가 뭐래? 네가 할 이야기 찾는 사이에 도와준 것뿐이야."

아이들은 얼굴이 벌게진 왕수재와 아무 일 없다는 듯 새침한 표정을 짓고 있는 나선애를 번갈아 바라보며 키득거렸다. 왕수재가 콜록, 헛기침을 한 뒤 다시 이야기를 시작했다.

"버려진 왕자라는 사실을 안 뒤, 나는 강원도에 있는 '세달사'란

부석사 궁예는 부석사에 걸려 있던 신라 왕의 초상을 칼로 베어 버릴 만큼 신라를 싫어했다고 해. 부석사는 677년 의상이 세운 절이야. 경상북도 영주에 있어.

절에 들어가서 스님이 되었다! 스님이 되니까 내 신분을 감출 수 있고, 먹고살 걱정도 안 해도 되었지. 하지만 나는 그냥 생각 없이 시간을 보낸 게 아니야. 절에서 무술 연습을 하면서 어떻게 하면 큰 힘을 가질 수 있을까를 고민했어. 그때부터 난 왕이 될 생각을 하기 시작했어! 그러던 중에 좋은 소식이 들려왔어. 백성들이 봉기를 일으켰다는 거야. 나는 북원, 그러니까 지금의 원주에서 반란군을 이끌던 양길이란 사람을 찾아갔어. 양길은 사람 보는 눈이 있어서, 나를 잘 대해 주더군. 나는 양길의 군사를 이끌고 강원도의 여러 지역을 정복하면서 유명해졌어. 여기저기서 내 소문을 듣고 사

람들이 몰려들었지. 원주에서 500명으로 시작한 군대가 강릉에 도
착했을 때는 3,500명으로 늘어났어. 크!"

왕수재는 벙긋거리며 애꾸눈 위로 안경을 당겨 썼다.

"병사들은 나를 참 좋아했다! 나는 정말 세상에 둘도 없이 훌륭한
지도자였거든. 병사들과 같은 이불을 덮고 자고 같은 음식을 먹었
으니, 얼마나 감동받았겠어. 게다가 상이나 벌을 줄 때도 아주 공
평했지. 누구를 차별하는 일이 없었어. 그러니 병사들은 나를 하늘
같이 믿고 따랐지. 나는 병사들을 이끌고 강원도와 경기도 북쪽 지

역을 하나씩 하나씩 차지하기 시작했어. 그리고 901년! 나는 송악, 지금의 개성에 나라를 세웠다! 드디어 후고구려가 태어난 거지! 참, 왜 후고구려냐 하면…….

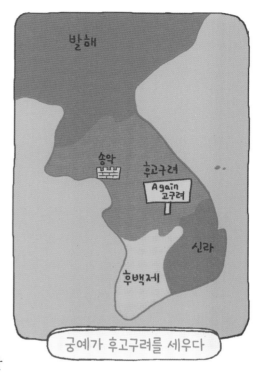

궁예가 후고구려를 세우다

왕수재가 뜸을 들이는 사이에, 이번엔 허영심이 말을 가로챘다.

"견훤처럼 옛 고구려 땅에 사는 사람들의 마음을 얻으려고 그랬겠지 뭐."

왕수재가 입을 벌린 채 눈을 껌벅거리다가 "으휴" 하고 한숨을 내쉬었다.

"그래, 맞다! 근데 원래 내가 세운 나라는 '고려'였어. 그 전에 있던 고구려도 고려로 통할 때가 많았거든. 그래서 고구려의 뒤를 잇는 나라라는 뜻으로 나라 이름을 고려라고 했는데, 후손들이 '후고구려'라고 부른 거지. 이건 너희들 아무도 몰랐지?"

왕수재가 턱을 치켜들며 아이들을 휘휘 둘러보았다. 그때 용선생이 앞으로 슥 나섰다.

"자, 이번엔 왕건이 나설 차례!"

궁예가 지고 왕건이 뜨다

왕건 인물 카드

심심
한데
...

결혼이나
할까?

이름 : 왕건
출신 : 호족 아들
기반 지역 : 송악
특기 : 결혼 하기
성격 : 포용적

"나 왕건은 송악의 한 호족 가문에서 태어났단다. 송악은 지금으로 치면 경기도 위쪽의 개성 지역이야. 내가 태어날 때도 신기한 일이 있었어. 그 무렵 신라에는 도선 대사라는 스님이 있었어. 풍수지리에 밝고 앞날을 잘 내다보기로 유명한 스님이었지. 그런데 내가 태어나기 전, 도선 대사가 송악에 왔다가 내 아버지를 만나서는 '내가 말하는 대로 집을 지으면 곧 큰 인물이 될 아이를 얻게 될 것이오' 라고 말했대. 아버지는 그 말뜻을 알아듣고 스님이 시키는 대로 집을 지었다지. 그리고 얼마 뒤 내가 태어난 거야. 나는 부족한 것 없이 잘 자랐어. 우리 집안은 무역을 통해 부자가 된 데다 군사력까지 갖춘 송악 최고의 실력자 집안이었거든. 그런데 후고구려를 세운 궁예의 세력이 커지자, 내 아버지는 송악을 궁예에게 바치고 그의 부하가 되었어. 그 바람에 나도 덩달아 궁예의 부하가 되었지. 궁예는 내 아버지에게 고마웠던지, 아직 열아홉 살 청년이던 나를 장군으로 삼아 주었어. 나는 군사들을 이끌고 충청도와 전라도 일대를 차례차례 정복하면서 차근히 힘을 키웠어. 가장 뿌듯했던 때는 나주를 정복했을 때였지. 나주는 후백제의 남쪽 땅에 있었어. 후백제를 멸망시키지 않고서는 육지로는 갈 수 없는 곳이었지. 그래서 나는 꾀를 냈어. 육지로 공격한 게 아니라 배를 타고 가서 나주를 공격한 거야. 원래 우리 집안이 해상 무역을 하던 집안이라 나는 바다 사정에 훤했거든. 생각지도 않다가 뒤통수를 맞은 견훤은 직접 군사를 이끌고 나와 맞섰지만, 번번이 내게 지고 말았지. 이렇게 내가 활약하면서 후고구려는 지금의 경기도, 황해도, 강원도, 충청도까지 영역을 넓히고 큰 세력을 떨치게 되었어. 우리가 한반도의 중부 지방을 차지하고, 후백제가 서남쪽을 차지했으니, 이제 신라는 간신히 경상도 지역 정도를 지키는 신세가 되었지."

"그럼, 이제 후고구려가 세 나라 중에서 제일 강해졌겠네요?"

장하다의 말에 용선생이 자랑스러운 듯 고개를 크게 끄덕였다. 하지만 뒤이어 걱정스런 목소리로 말했다.

"그런데 우리 후고구려에 큰 문제가 생겼어. 갑자기 궁예 왕이 이상해지기 시작했거든. 궁예는 905년에 수도를 송악에서 철원으로 옮기고, 아주 화려한 궁궐을 지었어. '고려'라는 나라 이름도 버리고 '마진'이라고 했다가 다시 '태봉'으로 바꾸었지. 사실 우리가 옛 고구려를 이어받았다고는 하지만, 궁예가 신라 왕자 출신이었기 때

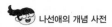

나선애의 개념 사전

미륵불

불교에서는
석가모니를 비롯해
여러 부처가 있다고
했지? 미륵불도 그중
하나야. 사람들은
도솔천이라는
하늘나라에 있는
미륵불이 언젠가
이 세상에 내려와
사람들을 평화로운
부처의 세계로
이끈다고 믿었어.

문에 고구려를 그리워하는 백성들이 그를 믿고 따르는 데는 한계가 있었거든. 그러니 궁예 왕은 유독 고구려 후손들끼리 똘똘 뭉친 지역인 송악에서 벗어나고 싶었을 거야. 나라 이름을 바꾼 것도 고구려의 그늘에서 벗어나고 싶은 마음 때문이었을 테고. 물론 백성들은 그걸 원치 않았지만 말야. 어쨌든 여기까진 그럴 수 있다 쳐. 더 이상한 건 그 다음이야. 궁예는 자기가 '미륵불'이라면서 마치 신이라도 되는 듯 행동했어. '미륵불'이란 세상이 어지러울 때 사람들을 구원하러 온다고 알려진 부처를 가리키는 말이야. 그러니까 궁예는 진짜 부처 행세를 하기 시작했다 이거지."

용선생의 말에 아이들이 꺼림칙한 표정으로 왕수재를 슬금슬금 곁눈질했다.

"궁예는 궁궐 밖에 나갈 일이 있을 때면 깃발을 든 소년과 소녀들을 앞장세웠어. 뒤에서는 2백 명의 승려에게 부처를 찬양하는 염불을 외우도록 했지. 자신은 금빛 모자를 쓰고 금과 은, 비단으로 꾸민 하얀 말을 탔어. 또 자신은 살아 있는 부처이기 때문에 '관심법'이란 것을 써서 사람들의 마음을 읽어낼 수 있다고 했지."

"사람의 마음을 읽어요? 그럼 '볼 관(觀)'에 '마음 심(心)'인가요?"

곽두기가 모처럼만에 한자 실력을 발휘했다.

"그렇지! 궁예 왕은 그냥 사람의 마음을 읽을 수 있다고만 한 게 아니라, 자기한테 나쁜 마음을 품는 사람이 있으면 골라내서 처형을 하겠다고 했어. 이건 빈말이 아니었지. 그는 자신을 비판하거나 불만을 품은 것처럼 보이는 사람이 있으면 관심법을 들먹이면서 잡아다 죽여 버렸어. 심지어 궁예 왕은 자기를 비판했다는 이유로 왕비, 그러니까 자기 부인과 두 아들까지 죽여 버렸어."

"왓! 이 녀석, 너 미쳤구나!"

장하다가 저도 모르게 소리쳤다. 당황한 왕수재가 손을 내저었지만, 직접 아이들 앞에서 연기할 부분 말고는 궁예에 대해 제대로 공부해 오지 않았기 때문에 아무 할 말이 없었다.

"날이 갈수록 의심이 많아진 궁예는 나, 왕건도 믿지 못하게 됐어. 최고의 벼슬자리에 오른 내가 자기를 몰아내고 왕이 되려고 하는 것은 아닐까 불안해하며 괜히 트집을 잡곤 했지. 나는 어찌어찌 위기를 모면했지만 점점 더 고민이 커져 갔어. 그대로 가면 후고구려의 앞날이 캄캄하다는 것은 누가 봐도 뻔한 일이니까. 그러던 어느 날, 더 이상 궁예를 왕으로 모실 수 없다고 생각한 장수들이 나를 찾아왔어. 그들은 내게 말했지.

'왕은 지금 제정신이 아닙니다. 앞으로 무슨 짓을 더 저지를지 모

릅니다. 죄 없는 자식들까지 죽이는 왕이니, 백성들이 어찌 믿고 따를 수 있겠습니까?'

그들은 내게 새 왕이 되어 달라고 했어. 아…… 그건 반역을 일으키자는 얘기였지. 충성스런 신하였던 나는 망설이고 또 망설였단다. 하지만 다른 수가 없다는 걸 알고 있었지."

"그래서…… 반역을 일으키셨어요?"

장하다가 목을 앞으로 쑥 빼며 물었다.

"응? 아니, 반역을 일으켰다기보다는…… 그래! 백성들을 구원하기 위해 나선 거지!"

용선생이 갑자기 목소리를 높이자 허영심이 눈을 가늘게 뜨며 씩 웃었다.

"에이~ 실은 속으로 왕이 되고 싶으셨군요?"

"그래, 뭐 솔직히 말하면 언젠가부터 그런 꿈을 꾸게 되었지. 나처럼 뛰어난 영웅이 괴팍하고 잔인한 왕 밑에서 의심이나 받으면서 지낼 순 없는 노릇이니까. 나는 군사들을 이끌고 궁궐로 쳐들어갔어. 궁예는 미리 이 소식을 듣고 도망을 쳤지. 하지만 며칠 뒤 배가 고파서 도둑질을 하다가 그만 농부들에게 잡혀 맞아 죽고 말았어. 한 나라를 세우고 스스로 부처 행세까지 했던 왕의 죽음치고는 비참하기 짝이 없었지. 하지만 그것이 그의 운명인 걸 어쩌겠어? 918년! 드디어 나 왕건이 왕위에 올랐어. 나는 나라 이름을 '고려'라 하고 수도를 다시 송악으로 옮겼어. 고구려의 뒤를 잇는 고려가 새로 태어나게 된 거야!"

흐뭇한 웃음을 지어 보인 용선생은 나선애와 왕수재에게 자리로 돌아가라는 손짓을 해 보이며 "이것으로 견훤과 궁예, 왕건의 소개 시간을 마칩니다" 하고 말했다. 나선애는 아이들을 향해 다시 한번 깍듯하게 인사를 했다. 아이들이 박수를 짝짝 쳐 주었다. 하지만 왕수재는 시무룩한 표정으로 곧장 자리에 가 앉았다.

"어이, 둘도 없이 훌륭한 지도자! 왜 그래?"

장하다가 옆구리를 쿡쿡 찌르자 왕수재는

명성산 전설에 따르면 왕건에게 쫓겨난 궁예가 나라를 잃고 슬피 울자 산도 따라 울었다고 해서 '울음산(명성산)'이라고 해. 명성산은 경기도 포천과 강원도 철원에 걸쳐 위치하고 있어.

안대를 풀어 책상 위에 찰싹 소리가 나도록 내팽개쳤다.

"정말 궁예가 그렇게 나쁜 왕이었단 말이에요? 병사들하고 같이 먹고 자고, 또 매사에 공평했다면서요?"

왕수재의 볼멘소리에 용선생은 잠시 생각에 잠겼다 입을 열었다.

"음…… 궁예가 단점이 별로 없는 아주 좋은 왕이었다면 이토록 나쁜 평가를 받을 순 없을 거야. 그런데 우리가 한 번쯤 생각해 볼 점도 있어. 지금 궁예에 대해 알려진 사실들은 모두 나중에 후삼국이 통일된 뒤 쓰여진 고려의 역사책에 나오는 내용들이거든. 이때의 고려는 이미 궁예가 세운 고려가 아니라 왕건이 궁예를 몰아내고 다시 일으킨 고려지. 그러니 궁예보다는 왕건에게 유리한 쪽으로만 역사책이 쓰였을 가능성도 있겠지? 실제의 궁예보다 더 나쁜 왕으로 그려서 왕건이 반역을 일으킨 것이 아주 당연하고 고마운 일이었다는 식으로 적었을지도 모른다는 얘기야."

"그렇다는 증거라도 있나요?"

나선애가 찜찜한 표정으로 물었다.

"증거야 물론 없지. 하지만 학자들이 막무가내로 그냥 넘겨 짚은 건 아니야. 왜 이런 해석이 나오냐면, 왕건이 왕이 된 뒤 궁예를 따르던 사람들이 여러 번 반란을 일으켰거든. 왕건을 왕으로 인정할 수 없다며 아예 후백제로 도망쳐 버린 호족들도 있었지. 또 곳곳에 궁예와 얽힌 전설들이 남아 있는 걸 보면 백성들 가운데 궁예에 대해 아쉬운 마음을 가졌던 사람들도 많았던 것 같아. 궁예가 자기 부인과 자식들을 죽인 것에 대해서도 그럴 만한 이유가 있었다고 보는 학자들이 있어. 궁예의 부인이 당시 세력이 컸던 호족 집안 사람이었다고 보는 거야. 그런데 궁예는 왕권을 바로 세우고 나라를 안정시키기 위해 호족들의 세력이 더 이상 커지지 않도록 해야 한다고 여겼다는

국사암 석조 여래 입상 경기도 안성 국사암에는 '궁예미륵'이라 불리는 불상이 있어. 불상은 거칠고 투박하지만 3.1m로 커다랗게 만들어져 백성들이 믿고 기대는 대상이 되었대.

거지. 부인이 궁예를 비판했다는 건 부인의 뒤에 있는 호족 세력이 궁예에게 도전장을 내밀었다는 뜻이고. 호족들의 움직임이 심상치 않았기에 혼란의 싹을 잘라 버리기 위해 자식들까지 죽인 거라고 해석하는 거지. 물론 어떤 게 진실인지는 정확히 알 수 없어. 궁예를 균형 있게 이해하기 위해 이런저런 가능성을 찾아 추측해 보는 거지."

 ## 최후의 승리자는 누구?

용선생의 말을 제일 열심히 들은 왕수재가 다시 목에 힘을 주며 물었다.

"그럼 궁예 왕이 죽고 나서 배신자 왕건은 어떻게 됐습니까? 당연히 왕건도 호족들을 다루기가 쉽지는 않았겠죠?"

"호족을 다루는 덴 확실히 궁예보다 왕건이 한 수 위였어. 궁예는 호족들을 경계하고 억눌렀지만, 왕건은 호족들을 자기편으로 삼는 데 힘을 쏟았지. 더 많은 호족들을 자기편으로 끌어모을수록 자신의 힘도 더욱 커질 거라고 생각했거든. 신라, 후백제와 서로 치열하게 맞서고 있는 상황에서 나라 안의 힘이 여러 갈래로 갈라지면 안 된다는 점을 알고 있던 거지. 그리고 왕건은 백성들의 생활이

내가 쫌
인자하지~

좀 더 나아져야 나라가 튼튼해질 거라고 생각하고, 백성들 세금을 줄여 주었어. 백성들은 당연히 환영했지. 그러다가 926년에 발해가 멸망하자 나라를 잃은 사람들이 고려를 찾아왔지. 왕건은 그들을 따뜻하게 맞아 주었어. 호족들과 백성들은 이 모습을 보고 더욱 왕건을 칭찬하게 되었지. 이렇게 왕건의 세력이 점점 커져 가자, 후백제의 견훤은 초조해졌어. 그는 먼저 신라를 점령해서 고려에 대항할 힘을 키우기로 하고 927년에 경주로 쳐들어갔어. 기울어 가고 있던 신라는 후백제의 공격에 별다른 저항도 할 수 없었지. 견훤은 신라를 무참히 짓밟았어. 신라의 경애왕을 죽음으로 내몰고 대신 경순왕을 새 왕으로 세웠지. 이때 왕건이 신라를 돕기 위해 군사를 이끌고 달려왔어. 견훤과 왕건은 지금의 대구 팔공산 지역에서 싸웠어. 당시에는 공산이라고 불러서 이 싸움을 '공산 전투'라고 해. 그런데 고려의 여덟 공신이 여기서 죽었다고 해서 팔공산이라고 이름이 바뀌었다는 얘기가 있지. 여덟 공신이 죽을 정도로 고려는 참패하고, 왕건은 간신히 목숨만 건져 도망을 쳤어."

"어? 잠깐만요. 왕건이 왜 와요? 고려하고 신라도 서로 싸우는 사이잖아요."

"아, 물론 세 나라가 서로 경쟁하고 있었지만 왕건은 견훤과 달리 신라와 좋은 관계를 맺고 있었거든. 오랜 역사를 이어 온 신라에 대해서는 어느 정도 예의를 지키고, 먼저 후백제부터 이기려고 했던 거야."

경주 포석정지 신라 왕과 귀족들이 의례와 잔치를 벌이던 곳이야. 신라 55대 경애왕은 이곳에서 잔치를 벌이다가 견훤의 습격을 받았다고 해. 사적.

"아…… 그렇구나. 그래도 어쨌든 견훤이 왕건을 이긴 셈이네요?"

나선애가 조마조마한 표정으로 물었다.

"아니야. 견훤은 이제 온 세상이 다 자기 차지라고 생각했지. 그런데 분위기가 어째 이상한 방향으로 흐르기 시작했어. 사람들이 견훤에게 등을 돌리기 시작한 거야.

'왕을 죽게 만들 필요까진 없잖아!', '그런 놈보다는 왕건이 낫지. 남의 나라를 구하겠다고 목숨을 걸 정도로 의리 있는 사나이라고!'

신라 사람들은 견훤의 잔인함에 치를 떨고 분노하고, 왕건의 인품에 감탄했어. 바로 그 시점에서 고려와 후백제가 다시 승부를 겨루게 되었지."

흥미진진한 이야기에, 아이들은 꼼짝 않고 용선생만 바라보았다.

"930년 견훤과 왕건은 지금의 안동, 그때로 치면 신라와 고려의 경계에 있던 고창에서 맞닥뜨리게 되었어. 군사력으로는 고려와 후

고려

송악

넌 이제
내리막길
이야!

고려

어라?
나 지금
밀리는겨?

후백제

고창

금성

신라

신라

고려
화이팅!

완산주

후백제

고창 전투

백제가 비슷한 상황이었지만 이미 사람들의 마음은 왕건에게 기운 뒤였지. 전투가 벌어지자 그 지역의 호족들이 군사들을 이끌고 고려군을 도우러 왔어. 힘을 얻은 고려군은 후백제군을 크게 물리쳤어. 게다가 이 소문이 퍼지자 더 많은 호족들이 고려 편에 서게 되었어. '왕건이 호족들한테 그렇게 잘해 준다며?', '이제 고려의 힘이 커졌으니, 고려 편에 서는 게 좋겠어!' 하고 말이야.

이렇게 해서 고려의 품에 저절로 굴러 들어온 성이 100개를 훌쩍 넘었지."

예상치 못한 견훤의 패배에 나선애의 어깨가 축 처졌다.

"엎친 데 덮친 격으로 견훤의 큰아들이 반란을 일으켰어. 견훤이 넷째 아들 금강에게 왕위를 물려주려고 하자 화가 난 첫째 아들 신검은 자기 아버지를 금산사에 가둬 버렸어. 그리고

안동차전놀이 고창 전투에서 유래한 놀이라고 해. 승리를 거둔 고려군과 안동 사람들이 지게 위에 대장을 태우고 승전가를 부른 모습을 보고 만든 놀이야.

김제 금산사 미륵전 금산사는 견훤이 석 달 동안 갇혀 있었던 곳이야. 견훤은 자신을 지키던 군사 30명에게 술을 먹여 취하게 한 뒤 이곳을 빠져나왔지. 금산사 미륵전은 조선 시대 때 불타 없어진 것을 다시 지은 거야. 3층 목탑을 연상시키는 미륵전에는 각 층마다 서로 다른 현판이 걸려 있어. 국보.

용선생 현장 강의

국내 유일의
3층 법당이야!

동생 금강을 죽이고 자기가 왕위에 올랐단다. 견훤은 겨우겨우 후
백제를 탈출해서 고려로 도망을 쳤어. 괘씸한 큰아들에게 복수를
하려면 고려의 힘을 빌릴 수밖에 없다고 생각한 거야. 그러자 왕건
은 견훤을 반갑게 맞아 주고 높은 벼슬도 내려 주었어."

"와, 화끈하다! 왕건은 진짜 통이 큰 사람이었나 봐요!"

장하다가 엄지손가락을 들어 보이며 소리쳤다.

"이제 대세는 완전히 기울었어. 그걸 깨달은 신라의 경순왕은 왕
건에게 항복하기로 했어.

'이미 신라 땅은 남의 차지가 되었소. 싸운들 이길 수도 없소. 죄
없는 신라 백성들이 이길 수 없는 싸움을 위해 죽어 가는 것도 더

는 못 보겠구려. 이제 신라를 고려에 넘겨줘야겠소.'

경순왕이 항복해 오자, 왕건은 직접 마중을 나와서 경순왕을 위로했지. 그리고 태자보다 높은 지위를 주고, 자신의 딸과 혼인을 시켰어. 이것으로 천 년의 역사를 이어 오던 신라는 영영 사라지게 된 거야."

천 년 역사를 자랑하던 신라가 망했다는 이야기에 아이들은 조용히 한숨을 내쉬었다.

 ## 후삼국을 통일한 고려, 새 시대를 열다

"자, 이제 때가 되었다고 생각한 왕건은 9만여 명의 대군을 이끌고 후백제로 쳐들어갔어! 이 싸움에는 견훤도 참여했지. 물론 고려 편에 서서 후백제의 왕이 된 큰아들 신검과 싸운 거야. 신검은 죽을힘을 다해서 맞섰지만, 사기가 오를 대로 오른 고려군을 당해 낼 순 없었어. 936년 9월, 마침내 후백제군이 고려군에게 무릎을 꿇었어. 드디어 왕건이 후삼국을 통일한 거야. 40여 년 동안 전쟁이 끊이질 않았던 후삼국 시대가 끝나고, 드디어 하나의 나라가 우뚝 선 거지!"

용선생이 '王' 자가 새겨진 머리띠를 자랑스럽게 쓰다듬었다. 그러자 퍼뜩 정신이 든 나선애가 왕수재에게 귀엣말을 했다.

"어? 이제 보니까 선생님이 제일 좋은 역할을 맡았잖아?"

"그러면 그렇지. 우리한테 멋
있는 역할 준다더니, 속았어."

수재와 선애가 마주 보며 투덜
거렸다. 그러거나 말거나, 용선
생은 마치 진짜 왕이라도 된 것
처럼 거들먹거리며 물었다.

"애들아, 내가 어떻게 해서 후
삼국을 통일할 수 있었을까?"

영심과 하다, 두기가 차례로
대답했다.

"사람들의 마음을 잘 헤아려서
그런 것 같아요."

"견훤과 다르게 신라에도 잘해 줬잖아요. 그래서 신라 사람들도
왕건을 좋아하게 된 거 아닌가요?"

"맞아. 발해 사람들도 받아 줬다면서요. 마음이 넓어서 통일을 할
수 있었나 봐요."

"그렇지! 넓은 시야로 민족 모두를 받아들이고 내게로 온 사람들
을 하나같이 귀하게 여겼기 때문이지. 그저 당장의 고려만 생각했
더라면 후삼국 통일이라는 위대한 일을 이루기는 어려웠을 거야.
고려의 후삼국 통일은 우리 역사 전체에서 큰 의미를 갖는 일이란다. 왕건은 신라와 후백제 지역의 사람들도 끌어안으려고 했지. 또 백성들의 생활을 안정시키기 위한 정책도 폈고. 북쪽으로는 고구려의 옛 땅을 회복하려고 점차 영토를 넓혀 나갔어. 그리고 발해 유민들까지 받아들여 진정한 민족 통일을 이루었지. 통일 신라의 바탕 위에 옛 고구려와 백제의 문화까지도 받아들여 새로운 민족 문화를 발전시킬 수 있는 토대를 만들었다는 의미가 있는 것이지."

수업을 끝낸 용선생이 갑자기 장난스러운 표정으로 말했다.

"얘들아! 내가 너희들을 가르치느라 하루도 편할 날이 없구나. 자, 모두들 나와서 새 임금님의 어깨와 팔을 주무르도록 해라."

그 모습이 아니꼽게 보인 나선애가 "그만 좀 하세요!" 하며 벌떡 일어섰지만, 용선생이 "반역이다!" 하고 호통을 치는 바람에 깜짝 놀라 주저앉고 말았다. 용선생은 떡하니 팔짱을 끼고 교탁 앞에 자리를 잡고 앉았다. 그 모습을 지켜보며 서로 눈빛을 교환하던 아이들이 누가 먼저랄 것도 없이 후다닥 가방을 들고 뒷문을 향해 뛰었다. 곽두기가 마지막으로 뒷문을 나서는가 싶더니, 다시 고개를 내밀며 조심스레 말했다.

"근데요, 임금님. 그러시면 백성들이 임금님을 싫어하게 될지도 몰라요."

어리벙벙한 표정으로 순식간에 아이들이 사라진 자리를 바라보던 용선생이 허허, 웃으며 입맛을 쩝쩝 다셨다.

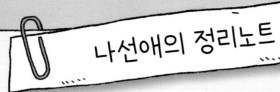

나선애의 정리노트

1. 후삼국 시대란?

후백제, 후고구려, 신라의 삼국으로 나뉘었던 시대를
삼국 시대와 구별해서 부르는 말

2. 후삼국 시대의 주인공들

	견훤	궁예	왕건
출신은?	군인	신라 왕족, 승려	호족, 궁예의 부하
세운 나라는?	후백제(900년)	후고구려(901년)	고려(918년)
나라를 세운 곳	완산주	송악→철원	철원→송악
세력 지역	전라도, 충청도	경기도, 강원도, 황해도, 충청도 일부	궁예의 후고구려를 계승

3. 후삼국은 이렇게 통일되었다

900년	901년	918년	926년	935년	936년	936년
후백제 건국	후고구려 건국	고려 건국	발해 멸망	신라 항복	후백제 멸망	후삼국 통일

용선생의 역사 카페

역사계의 슈퍼스타,
용선생의 역사 카페에
오신 걸 환영합니다

Log in

게시판 ∨

📄 역사가 제일 쉬웠어용!
📄 이제는 더~ 말할 수 있다!
📄 필독! 용선생의 매력 탐구
📄 전교 1등 나선애의 비밀 노트

거친 삼베옷을 입은 왕자, 마의 태자

경순왕이 고려에 항복하려 하자 경순왕의 왕자 중 한 명이 강하게 반발했어. 이 왕자는 '나라를 살리기 위해 노력해 보지도 않고, 천 년을 이어 온 나라를 남의 손에 넘기느냐'고 열변을 토했어. 하지만 경순왕은 고려에 항복하겠다는 글을 보내고 말았어.

왕자는 통곡을 하며 왕에게 마지막 인사를 드렸어. 그리고 곧바로 경주를 떠나 개골산(금강산)으로 들어갔지. 그곳에서 왕자의 옷을 벗어 버리고 거친 삼베옷을 입고 풀을 뜯어 먹으며 살다 삶을 마쳤대. 삼베옷(마의)만 입은 태자라 하여 그를 '마의 태자'라고 해.

그래서인지 마의 태자에 관련한 전설은 유독 경주에서 금강산 사이의 지역에 많이 퍼져 있어. 경주가 있는 경상도에서 충청도로 넘어가는 관문인 문경에는 마의 태자가 울고 넘었다는 '하늘재'라는 고갯길이 있어. 좀 더 북쪽으로 올라간 경기도 양평의 용문사에는 우리나라에서 가장 오래된 은행나무(천연기념물)가 있는데, 마의 태자가 두고 간 지팡이가 자라난 거라는 전설이 전해지고 있어.

마의 태자의 슬픈 전설은 금강산의 '단발령(斷髮嶺)'이라는 고개에도 서려 있어. 이 고개에서 마의 태자가 머리를 깎고 승려가 되었다고 해서 붙여진 이름이라지. 다른 기록에서는

정선의 〈단발령 망금강〉

금강산이 너무 아름다워 이곳에 오는 사람마다 머리를 깎고 중이 되고 싶은 생각을 했다고 해서 붙여진 이름이라고 하지만 말이야. 조선 시대 화가였던 정선은 이 단발령을 주제로 〈단발령 망금강〉이란 그림을 그렸어. 단발령에서 금강산을 바라보고 있는 사람의 모습을 그린 그림이지. 정선은 아름다운 금강산을 표현하고 싶었던 거겠지만, 선생님은 이 그림을 볼 때마다 쓸쓸히 금강산으로 들어가던 마의 태자가 생각나곤 해.

 COMMENTS

 나선애 : 그 신라 왕자는 이름이 뭐예요?

↳ 용선생 : '김일'이라는 이름이었다는 얘기도 있는데, 확실한 건 알 수가 없단다.

한국사 퀴즈 달인을 찾아라!

달인을 찾아라!

출발!

달인 트로피

01 ★☆☆☆☆

918년에 고려가 세워지고 나서 8년 후인 926년에 거란에 의해 멸망한 나라가 있었어. 이 나라의 왕족과 백성들은 고려를 찾아왔고, 왕건은 그들을 따뜻하게 맞아 주었어. 이 나라의 이름은 무엇일까? (   )

① 발해   ② 신라   ③ 당나라   ④ 고구려

03 ★★☆☆☆

후삼국 시대의 주인공들에 관한 키워드가 있어. 이걸 보고, 누구를 가리키는 건지 써 줄래?

· 신라의 왕자, 애꾸눈, 양길의 부하 노릇을 함, 관심법을 씀, 후고구려를 세움 – (   )

· 호랑이 젖을 먹고 자람, 큰아들은 신검, 완산주에 후백제를 세움 – (   )

· 송악 출신, 궁예의 부하 노릇을 함, 고려를 세움 – (   )

02 ★★☆☆☆

신라 마지막 왕인 경순왕의 아들로, 신라가 망하자 개골산으로 들어간 신라 왕자가 누구였더라? (   )

① 마의 태자   ② 의상 대사
③ 도선 대사   ④ 해명 태자

도착!

05 ★★★★★

왕건과 견훤이 고창에서 전투를 벌였지. 전투가 일어났던 시기를 연표에서 골라볼래? (   )

	900년		901년		918년		935년		936년
		(가)		(나)		(다)		(라)	
	후백제 건국		후고구려 건국		고려 건국		신라 항복		후삼국 통일

① (가)   ② (나)   ③ (다)   ④ (라)

04 ★★★★☆

후백제 견훤이 경주로 쳐들어갔을 때 신라 왕과 귀족들이 잔치를 벌이고 있었던 장소는 어디일까?

(   )

①
동궁과 월지

②
경복궁

③
포석정

④
불국사

• 정답은 253쪽에서 확인하세요!

궁예의 한이 서린
철원에 가다

떠나 볼까?

용선생 현장 강의

강원도 북서쪽에 위치한 철원은 궁예가 수도로 삼았던 곳이야. 또 6·25 전쟁이 일어나기 전에는 북한 땅이기도 했지. 철원의 다양한 모습을 보러 떠나 보자!

한탄강

한탄강은 철원을 가로지르는 크고 긴 강이야. 약 54만 년 전부터 여러 차례의 화산 폭발로 만들어졌대. 그래서 강 곳곳에서 현무암 절벽, 주상절리(용암이 굳어 만들어진 돌기둥) 등 화산 활동의 흔적을 볼 수 있어. 한탄강은 여름이면 래프팅을 하려는 사람들로 붐빈대. 나도 여름에 또 와야지!

한탄강 왕건에게 쫓겨난 궁예가 한탄강에서 자신의 처지를 한탄했다는 이야기가 전해져 와.

한탄강   노동당사   DMZ 생태 평화 공원

노동당사 안전 문제로
내부에 들어가 볼 수는
없어. 건물의 외벽에는
총탄과 포탄 자국이
뚜렷하게 남아 있어!

노동당사

노동당사는 북한의 핵심 권력 정당인 노동당의 건물이었어. 6 · 25 전쟁 이전인 1946년, 철원이 북한 땅이었을 때 지어졌대. 노동당사는 6 · 25 전쟁 때 수차례 폭격을 받아 파괴되어 지금은 외벽만 남아 있어. 외벽 곳곳에 총탄과 포탄 자국이 선명하게 보였어. 전쟁은 정말 무섭고 끔찍한 것 같아.

DMZ 생태 평화 공원

남북은 휴전선을 기준으로 각각 2킬로미터 거리의 비무장 지대(DMZ)를 두고 있어. 2016년에는 오랫동안 개방하지 않았던 DMZ 일부를 사람들이 탐방할 수 있는 공원으로 만들었지. 우리는 이곳에서 오랫동안 사람의 손을 타지 않은 자연 그대로의 모습을 볼 수 있었어. 사전 예약은 필수야!

용양보 습지 DMZ 경계 근무를 섰던 병사들이 오가던 출렁다리가 지금은 부서진 채 앙상하게 남아 있어.

2교시

고려, 나라의 기틀을 마련하다

왕건은 후삼국을 통일해서 새 시대를 열었어. 하지만 오랜 전쟁으로 백성들은
많이 지쳐 있었어. 후삼국 시대에 세력이 커진 각지의 호족들을 고려의 충실한 신하로
거듭나게 하는 것도 왕건의 큰 숙제였지. 태조 왕건과 그의 후계자들은 새 나라 고려를
안정시키기 위해 어떤 노력을 했는지 알아볼까?

936
왕건이
후삼국을
통일하다

왕건이
〈훈요 10조〉
를 남기다

광종이
노비안검법을
시행하다

과거 제도를
시행하다

최승로가
〈시무 28조〉를
올리다

서희가
거란과
협상을 하다

943   956   958   982   993

고려 태조 왕건 청동상

알고 있는 용어에 체크해 보자!

- [ ] 왕건
- [ ] 훈요 10조
- [ ] 광종
- [ ] 노비안검법
- [ ] 과거제
- [ ] 성종

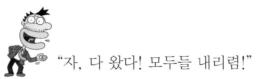

"자, 다 왔다! 모두들 내리렴!"

용선생의 말에 잠에서 깬 장하다가 늘어지게 하품을 하며 주위를
두리번거렸다.

"흐아암~ 잘 잤다. 여긴 또 어딘가……. 절인가 보네?"

개태사 충청남도 논산의 천호산 자락에 있는 절이야. 천호산은 '하늘이 지켜 준다'는 뜻으로, 태조가
이름을 지었다고 해. 평화로운 시대를 바라는 태조의 마음이 담겨 있는 곳이야.

"개태사잖아. 넌 어째 만날 어딜 가는지도 모르고 따라다니냐?"

왕수재가 대뜸 이죽거리는 소리에, 오늘은 장하다도 물러서지 않았다.

"개태? 무슨 절 이름이 그래. 너 제대로 아는 거 맞아?"

"뭐야, 지금 내 말을 못 믿겠다는 거야?"

둘이서 티격태격하자 용선생이 손을 내저었다.

"얘들아, 평화를 바라는 마음을 담고 있는 절에서 싸우면 안 되지! '개태(開泰)'란 '태평한 시대를 연다'는 뜻이거든. 이곳 개태사는 고려 태조 왕건이 후삼국을 통일한 뒤 더 이상 전쟁이 없는 평화로운 세상이 열리기를 간절히 바라면서 세운 절이야. 이 지역은 왕건이 후백제의 신검으로부터 최후의 항복을 받아 낸 지역이야. 왕건

왕건이 세운 절 지금의 모습은?

용선생 현장 강의

은 후삼국 통일을 완성한 땅에 개태사를 지어 평화를 기원하고, 오랜 전쟁으로 지친 백성들을 달래 주려 했던 거야. 당시 사람들에게 절은 부처의 자비를 느끼며 마음의 위안을 얻을 수 있는 곳이었으니까. 또 절에서는 많은 이들에게 음식을 베풀기도 하고, 함께 불경을 읽으며 사람들의 소원이 이루어지기를 빌어 주기도 했고."

"이름은 좀 요상해도 뜻은 참 좋은 절이네, 그렇지 않나?"

장하다가 언제 인상을 썼냐는 듯 웃으며 건네는 말에 왕수재도 겸연쩍게 "으응" 했다.

 태조 왕건, 나라의 힘을 하나로 모으다

용선생과 아이들은 먼저 절 한편의 나무 그늘 아래 자리를 잡고 앉았다.

"지난 시간에 왕건이 후삼국을 통일하는 과정에서 호족들을 억누르는 대신 자신의 편으로 만들기 위해 힘을 쏟았다고 했지? 이런 노력은 고려를 세운 뒤에도 이어졌어. 그동안 자신을 도와 온 각 지방의 세력가들이 고려에 충성을 다하도록 하는 거였지. 이 사람들이 혹시라도 다른 마음을 먹으면 고려가 튼튼한 나라로 성장해 갈 수 없을 테니까. 너희 같으

개태사 철확
철확은 '철로 만든 솥' 이야. 지름이 약 3m, 높이가 약 1m로, 이 솥에 국을 끓이면 1천 명이 먹을 수 있었대. 당시 개태사에 얼마나 많은 사람들이 머물고 있었는지 알 수 있겠지?

면 이 문제를 어떻게 해결하겠니?"

"친하게 지내요!"

"선물을 많이 주면 되죠."

"아냐, 그런 것보다는 나라에 애국심부터 갖게 해야 될 것 같은데?"

용선생이 흐뭇한 표정으로 고개를 끄덕였다.

"그래, 다 맞는 말이야. 그래서 왕건은 우선 지방 세력가들에게 높은 벼슬과 재산을 내려 줬어. 그리고 왕의 권위를 내세우는 대신, 스스로를 겸손하게 낮추며 그들을 잘 대우해 주었어. 또 성씨를 내려 주기도 했어. 지금은 누구나 김씨, 이씨 같은 성씨를 가지고 있지만, 당시에는 귀족들 일부만 성씨를 가지고 있는 경우가 많았거든. 그래서 성씨를 갖지 못한 지방 세력가들에게 성씨를 내리기도 하고, 그들 중 일부에게는 자신의 성씨인 '왕씨'를 내려 주기도 했지. 왕순식이라는 사람이 바로 그런 경우였어. 순식은 강원도 명주 지역에서 세력을 떨치던 장군이었는데, 오랫동안 왕건에게 항복하지 않고 버티고 있었어. 그러다 고려가 세워진 뒤 순식이 항복해 오자, 왕건은 그에게 토지와 집을 선물하며 왕씨 성도 함께 내

금동탑 개태사에서 발견된 금동탑이야. 155cm에 이르는 높이에 문, 창, 종, 기와 등이 세밀하게 표현되어 있어. 꾸밈이 화려하고 정교해 법당 안에 모셔둔 사리탑으로 짐작하고 있어. 삼성미술관 리움 소장. 국보.

려 주었지.”

“왕이랑 똑같은 성씨를 받다니 꼭 왕족이 된 기분이겠다!”

장하다의 말을 들은 왕수재가 찝찝하다는 표정을 지었다.

“흠, 왕씨 중에 우리 고려 왕족들만 있는 게 아니었다니 어째 기분이 좀 그렇네.”

“우리 고려 왕족? 네가 왕건의 후손인지 왕순식 같은 사람의 후손인지 어떻게 알고?”

“이거 왜 이래? 난 고려 왕족이 확실해! 어제 우리 아버지한테 물어봤다고!”

둘이서 다시 목소리를 높이기 시작하자 용선생이 얼른 나섰다.

“그만! 자, 성씨 이야기가 나온 김에 본관에 대해서도 알아보자. 너희들 각자 본관이 어딘지 알고 있니?”

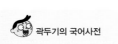

곽두기의 국어사전

본관
그 성씨의 시조나 조상이 살던 지역을 말해.

다들 꿀 먹은 벙어리가 되었지만, 곽두기만은 자신 있는 표정이었다.

“저는 현풍 곽씨예요!”

“역시 두기가 잘 알고 있구나. 본관은 그 성씨를 처음 사용한 조상이 터 잡고 살던 지역을 가리키는 말이야. 곽씨 중에도 두기와 본관이 같은 곽씨가 있고, 다른 곽씨가 있어.”

“본관이 같은 사람들끼리가 친척인 거죠?”

“응, 그러니 본관은 같은 조상의 후손들을 구별해 주는 방법인 거야. 그런데 이 본관이 널리 퍼진 것도 고려 태조 때였어. 본관은 그 전에도 쓰이긴 했어. 신라 말 경주의 높은 귀족들은 본관을 지니고 있었다고 알려져 있거든. 하지만 대부분의 사람들은 본관이나 성씨를 쓰지 않았어. 그러다 후삼국 시대에는 각 지방의 세력가들이 성씨를 정하면서 자신이 터 잡고 있는 지역을 본관으로 삼는 일이 많아졌지. 태조 왕건은 그들의 본관을 인정해 주는 한편, 아직 성씨나 본관을 갖지 못한 세력가들에게는 새로 성씨와 본관을 정해 주었어. 본관만 사용하도록 한 것이 아니라 그 지역을 다스릴 권한도 함께 인정해 주었지. 그 지역 백성들을 보살피고 세금도 거두어들이도록 해서, 한편으로는 지방 세력가들을 고려의 지배층으로 거듭나게 하고, 다른 한편으로는 각 지역 백성들의 삶을 안정시키려 한 거였어."

"그럼 본관이라는 건 고려를 잘 다스리기 위해 만든 거였네요?"

나선애의 말에 용선생이 고개를 끄덕였다.

"그렇지. 이렇게 시작된 본관 제도는 금세 퍼져 나가 일반 백성들

안동 태사묘 삼공신 유물 태조 왕건은 고창 전투에서 승리한 후 '동쪽이 편안해졌다'는 뜻에서 '안동'으로 지역 이름을 바꾸고, 안동의 호족 3명에게 벼슬과 성씨를 내렸어. 이 호족들을 모시는 사당에서는 고려 시대의 모자, 허리띠, 가죽신 등이 전해지고 있어. 안동 태사묘 소장. 보물.

step1

마음에도 없는
결혼 하기

step 2

성씨 나눠 주기

step 3

관직 나눠 주기

도 자신이 사는 지역을 본관으로 삼게 되었어. 고려 시대에는 자신이 사는 지역이 어떤 행정 구역에 속하는지에 따라 백성들의 지위도 달라졌기 때문에, 본관은 그 사람의 지위를 드러내 주는 기준이 되기도 했지. 이 이야기는 다음에 더 자세히 하기로 하고, 다시 왕건이 세력가들을 어떻게 껴안았는가 하는 얘기로 돌아가자. 왕건이 후삼국을 통일하는 과정에서 자주 쓴 방법 중 하나가 지방 세력가나 부하 장군의 딸을 부인으로 맞이하는 거였어. 생각해 봐, 혹시 왕건을 경계하던 사람이라도 일단 자기 딸과 결혼을 하고 나면 태도가 달라지지 않겠니? 왕과 신하를 넘어서 가족으로 맺어지는 거니까 그 뒤로는 자연히 사위를 돕기 위해 노력했겠지. 이건 신하들에게도 매력적인 제안이었어. 왕의 장인이라, 근사하잖아? 그래서 왕건은 죽기 전까지 무려 29명의 부인을 두었어."

"헉! 29명이나요? 근데 딸이 없는 사람은 어떡해요?"

허영심이 떡 벌어진 입을 겨우 다물며 물었다.

"결혼 말고도 여러 가지 방법이 있었지! 대표적인 것이 사심관 제
도와 기인 제도였어. 사심관(事審官)이란 '일[事]을 살펴보는
[審] 관리[官]'라는 뜻이야. 그러니까 '경주 사심관'이라
고 하면 경주 지역을 다스리는 일을 두루 살피는 관
리인 거지. 지방에 파견되어서 직접 지방을 다스린
지방관과는 달라. 중앙에 있으면서 지방과 관련된
업무를 봤던 거지. 제일 처음 사심관이 된 사람은
왕건에게 신라를 바친 경순왕이었어. 경순왕은 신라
의 수도였던 경주의 사심관이 되어서, 개경에 있으면
서도 경주와 관련된 업무를 책임졌던 거야."

"아까 그 본관 제도하고도 조금 비슷
한 것 같아요."

곽두기의 말에 용선생이 기특
하다는 듯 웃음을 지었다.

"그래. 지방 세력가들의 권한을
인정하고 그들에게 힘을 실어 주

하남 하사창동 철조 석가여래 좌상
철로 만들어진 거대한 불상이야. 고려의 세력가들은
이런 불상을 만들어서 자신의 힘을 과시했어. 경기도
하남시 하사창동의 절터에서 발견되었어.
높이 2.88m, 국립중앙박물관 소장. 보물.

면서도 새 나라 고려의 확실한 신하가 되도록 이끄는 방법이라는 점이 같지."

"그럼 기인 제도는 뭔데요? 이상한 사람들을 모아 놓는 건가?"

장하다가 말뜻을 넘겨짚으며 물었다.

"아이쿠, 그런 게 아니라 '기인(其人)'이라고 불린 사람들은 바로 각 지방 유력자들의 아들들이었어. 태조는 이들을 개경으로 불러서 지내게 하고, 그 지방에 관한 일을 처리할 때 힘을 보태도록 했어. 아들이 임금의 부름을 받고 개경에서 관리로 일한다고 하면, 부모들이 무척 자랑스러워했겠지? 그런데 만약 그 부모들이 임금의 말을 듣지 않으면 어떻게 될까?"

"오, 아들들이 벌을 받겠지요!"

"바로 그거야! 자식을 떡하니 임금 곁에 보내 놓았으니, 그 부모들이 함부로 다른 마음을 품을 수 없었겠지. 오히려 고려 왕실에 더욱 충성을 바치게 되었을 거야."

"와, 꼼짝 못하게 하는 방법이네. 대우를 해 주는 것 같긴 한데, 감시도 제대로 하고."

영심의 감탄에 수재가 공연히 목에 힘을 주며 "그럼! 후삼국 통일이 저절로 된 게 아니지!" 하고 보탰다.

"그 밖에도 태조는 나라의 기틀을 튼튼히 세우기 위해서 많은 일을 했어. 백성들의 세금을 줄여 주었다는 이야기는 지난 시간에 했

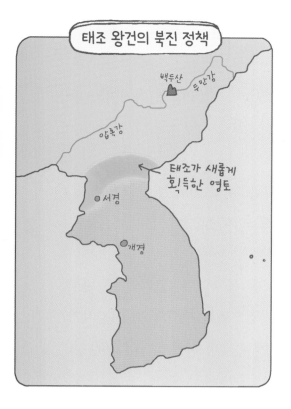

태조 왕건의 북진 정책

백두산
두만강
압록강
태조가 새롭게
획득한 영토
서경
개경

지? 태조 스스로 늘 검소한 생활을 하면서 가난한 백성들에게는 나라에서 쌀을 나누어 주도록 하기도 했어. 또 북쪽의 영토에 대한 관심도 많았지. 지금의 평양인 서경을 중요시해서, 성을 쌓고 군대를 머물게 하며 조금씩 영토를 넓혀 나갔어."

"태조는 후삼국 통일 외에도 많은 일을 했군요."

"이렇게 많은 일들을 하는 사이에 태조도 나이가 들어 세상을 떠날 때가 가까워졌어. 태조는 걱정이 되었지. 자신의 뒤를 이을 왕과 신하들이 잘못된 길로 빠져 나라를 잘 다스리지 못하게 되면 어쩌나 하고. 그래서 후손들에게 남길 가르침을 일일이 적은 뒤 다음 왕에서 그 다음 왕으로, 또 그 다음 왕으로 물려주도록 했어. 불교를 중요하게 여기되 그 힘이 지나치게 커지지는 않도록 할 것, 좋은 신하들을 곁에 두어 백성들을 위한 정치를 펼칠 것, 또 외국과 관계를 맺고 교류를 해 나갈 때 참고할 점

고려 태조 왕건 청동상 태조 왕건의 능인 '현릉'을 정비하던 중 발견된 동상이야. 원래 개경 봉은사에 모셔졌다고 해. 사람들은 연등회의 첫날이나 국가의 중대사 등이 있을 때 봉은사로 와서 왕건 청동상에 제사를 올렸대. 높이 138.3cm.

등이 그 내용이었지. 이를 〈훈요 10조〉라고 불러. 열 가지 중요한 가르침이라는 뜻이야.”

 ## 혜종과 정종, 불안한 왕위를 잇다

“태조의 뒤를 이은 것은 그의 맏아들 왕무였어. 고려의 두 번째 왕인 혜종이지. 그런데 혜종은 미처 왕으로서 자신의 뜻을 펼치기도 전에 왕위를 둘러싼 위험한 싸움에 휘말리게 됐어. 그의 왕위를

〈훈요 10조〉 요약

어헛! 잔소리도 이게 마지막이니 새겨 들어랏!

1. 우리나라는 부처의 도움을 받아야 하기에, 절을 짓고 주지를 임명해서 불교계를 다스리게 하였다. 후에 간사한 신하가 정권을 잡고, 승려들의 청탁을 받아서 사찰들을 두고 다툼이 생기지 않게 하여라.

2. 지금의 절들은 도선 스님이 좋은 자리를 정해 세운 것이다. 신라 말처럼 왕실과 신하들이 자신들의 복을 빌기 위해 마음대로 절을 더 짓지 못하게 하여라.

3. 맏아들이 다음 국왕이 되는 것이 원칙이지만, 어질지 못하거든 그 다음 아들을 왕위에 올릴 것이며, 그 역시 어질지 못하면 여러 형제 중에서 많은 사람들이 받드는 아들에게 왕위를 전해 주어라.

4. 우리는 예로부터 당나라의 문화를 많이 따랐으나, 구차하게 모두 똑같이 하려 들 필요는 없다. 거란은 짐승 같은 나라이니 그 문화를 본받지 마라.

5. 서경은 매우 중요한 곳이니 자주 행차하여 100일 이상 머물도록 하여라.

노리는 것은 다름 아닌 그의 동생들, 24명이나 되는 왕자들이었지. 태조의 부인들은 대부분 내로라하는 세력가들의 딸이었잖아. 그 세력가들은 태조가 죽자, 욕심이 생겼던 거야. 혜종을 밀어내고 자기 외손자를 고려의 왕으로 만들겠다는 욕심 말이야."

"어휴, 그놈의 왕위 싸움! 왕건이 신하들의 딸과 결혼을 하면서 거기까진 생각을 못했나 보네요!"

허영심이 머리를 절레절레 흔들었다.

"선생님, 그럼 혜종은 외할아버지가 안 도와준 거예요?"

곽두기가 걱정스러운 표정으로 물었다.

6. 연등회는 부처를 섬기는 것이며, 팔관회는 하늘의 신과 산의 신, 강의 신, 용신을 섬기는 것이다. 반드시 잘 열어야 한다.

7. 임금은 백성의 마음을 얻는 것이 중요하다. 그러려면 신하들의 바른말을 잘 듣고 아첨하는 말은 믿지 말아야 하느니라. 또 아무 때나 백성들에게 일을 시키지 말고, 세금은 가볍게 해 주어라. 그리고 상과 벌은 공정해야 하느니라.

8. 차령 남쪽과 공주강 너머는 인심이 좋지 않으니, 그 지역 사람들이 정치에 참여하는 것을 경계하여라.

9. 신하들의 녹봉을 함부로 늘리거나 줄이지 말고, 공정하게 내려 주어라. 또한 강하고 악한 나라가 곁에 있으니 항상 경계를 느슨하게 하지 말 것이며, 군사들을 잘 보살펴라.

10. 임금은 항상 나랏일에 마음을 쓰고 옛일로부터 교훈을 얻어야 하느니라.

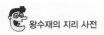
왕수재의 지리 사전

나주
전라남도에 있어.
왕건이 궁예의
부하로 있을 때
나주를 점령했는데,
이때 혜종의
어머니인 장화 왕후
오씨를 만났어.

"안타깝게도 그를 도와줄 사람은 별로 없었어. 혜종의 외가는 먼 나주에 있었고, 다른 왕자들의 외가에 비해 힘도 크지 않았거든. 혜종은 자기 자리를 호시탐탐 노리는 사람들에게 둘러싸여 아무것도 할 수가 없었어. 심지어 혜종의 목숨을 노리는 자객이 밤중에 침실로 뛰어든 일도 있었지! 다행히 눈치를 챈 혜종이 자객을 때려눕혀 위기에서 벗어나긴 했지만, 얼마나 불안했을지 짐작이 되지? 그러다 혜종은 결국 왕위에 오른 지 2년 만에 병이 들어 세상을 떠났어."

혜종이 안됐다는 생각에 두기의 어깨가 축 처졌다.

"혜종의 뒤를 이은 정종은 왕건의 셋째 아들이었어. 정종은 어머니가 충주 지역의 큰 집안 출신이었기 때문에 혜종보다는 위협을 덜 받을 수 있었지."

"휴, 다행이네요!"

곽두기가 안도의 한숨을 내쉬었다.

혜종의 능 고려 2대 왕인 혜종의 무덤으로 '순릉'이라고 불러.
북한의 개성에 있어.

"하지만 여전히 왕위를 노리는 이들은 있었기에 정종 역시 불안했어. 그는 왕위 다툼을 끝내고 나라를 안정시키기 위해 노력했지. 우선 불교를 통해 왕실과 백성들의 마음을 하나로 모으고자 했어. 자신이 직접 부처의 사리를

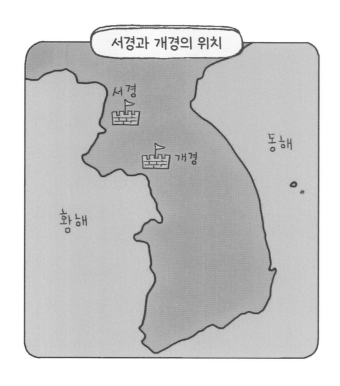

서경과 개경의 위치

받들고 10리 길을 걸어서 절에 모시
기도 하고, 곡식을 산더미처럼 절에
보내기도 하고. 그만큼 간절히 부처
의 도움을 바랐던 거지. 그런가 하
면 정종은 수도를 개경에서 서경으
로 옮기려 했어."

"서경이 어딘데요?"

"서경은 지금의 평양이야. 옛 고
구려의 수도이기도 했고. 고려는 스
스로 고구려를 잇는 나라라고 여겼
기 때문에 고구려의 수도였던 서경

을 매우 중요하게 생각한 거야. 고려에서 서경은 개경의 뒤를 잇는
제2의 수도였어. 정종이 서경으로 옮기려 한 데는 그곳을 지키고
있는 사람이 왕실의 큰 어른인 왕식렴이었다는 이유도 있었어. 서
경의 책임자로 강한 군대를 거느리고 있던 왕식렴은 정종이 왕위에
오를 때 도움을 준 사람이기도 했지."

"정종은 자기를 보호해 줄 든든한 친척 곁으로 가고 싶었던 거군
요?"

"그렇지! 하지만 신하들과 백성들은 서경으로 옮기고 싶어 하
지 않았어. 그들 입장에서 생각해 보면 그럴 만도 하지. 믿음직했

던 태조는 세상을 떠났고 그 젊은 아들들이 왕위에 오른 뒤로는 나라가 영 뒤숭숭했으니까. 그런 데다 살던 곳을 떠나 낯선 서경으로 이사를 가라고 하니, 좋아하는 사람이 별로 없는 게 당연했겠지."

"에휴, 혜종보단 낫다고 해도 정종도 자기 마음대로 할 수 있는 게 하나도 없었겠네요."

나선애가 가벼운 한숨을 내쉬었다.

"그러다 어쩐 일인지…… 정종도 27살에 병이 들어 세상을 떠나고 말았어. 왕위에 오른 지 4년 만이었지. 고려 사람들은 6년 동안 태조와 혜종, 정종이라는 세 왕을 내리 잃었던 거야."

"으, 또요?"

아이들은 저마다 허탈한 표정을 지었다.

 ## 광종, 개혁의 칼을 뽑아 들다

"하지만! 그 다음 왕위에 오른 광종은 좀 달랐어. 광종은 어떻게 하면 왕위 다툼을 멈추고 왕권을 안정시킬 수 있을까 고민했어. 그러려면 신하들이 감히 왕의 자리를 넘보지 못하게 할 방법을 찾아야 했지. 광종은 조금씩 준비를 갖추며 여러 해를 기다렸어. 그리고 왕위에 오른 지 7년이 지났을 때, 마침내 칼을 빼들었어. '노비를 조사해서 억울하게 노비가 된 사람들은 풀어 주라'는 명령을 내린 거지. 몇몇 힘센 신하들이 사람들을 강제로 잡아다가 노비로 부리는 일이 많았던 것을 바로잡으려 한 거야. 이를 '노비안검법'이라고 불러."

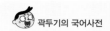
곽두기의 국어사전

노비안검법
(奴婢按檢法)
노비가 된 사람을
자세히 살피고
조사[按檢]하는
법이란 뜻이야.

"뭐, 좋은 일인 것 같긴 한데…… 그런다고 신하들이 고분고분해질까요?"

아이들은 선뜻 이해가 가지 않는다는 얼굴이었다.

"이 노비 문제가 보통 중요한 게 아니었거든. 노비는 농사를 지어 재산을 늘려 주는 일꾼이자, 무기를 들고 싸워 주는 병사이기도 했어. 그러니까 노비를 빼앗기면, 재산도 줄어들고 군사력도 줄어드는 거지. 쉽게 말하면 노비가 줄면 신하의 힘도 줄어드는 거야! 그러니 많은 노비들을 거느리고 있었던 신하들은 크게 반발했어. 하지만 이미 내려진 명령을 돌이킬 수는 없었어. 또 불법적으로 노비가 된 사람들을 풀어 주라는 것이니, 반대하면서 내세울 근거도 마땅치 않았지. 이렇게 개혁의 첫걸음을 내디던 광종은 그로부터 2년 뒤 과거 시험 제도를 시작했어. 원래 중국에서 시행하던 제도였는데 우

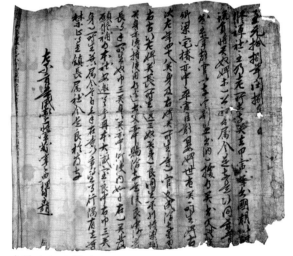

송광사 노비 문서 원오 국사라는 스님이 아버지에게 물려받은 노비를 절에 바친다는 내용이 적혀 있어. 즉, 노비는 주인에 의해 물건처럼 주고받을 수 있었어. 충렬왕 7년(1281년)에 작성된 거야. 가로 58.5cm, 순천 송광사 소장. 보물.

장양수 홍패 장양수라는 사람에게 내려 준 과거 합격 확인 증서야. 1205년에 만들어진 문서로, 현재 남아 있는 과거 관련 문서 중에서 가장 오래된 문서야. 가로 93.5cm, 월계 서원 소장. 국보.

리나라에서는 광종이 처음으로 들여온 거였어.”

“아으, 시험이라! 불행의 역사가 시작되는구나.”

장하다가 입맛을 쩝 다시며 하는 소리에 아이들이 킥킥거렸다.

“과거(科擧) 시험은 몇 가지 과목[科]을 정해 시험을 보고, 그 합격자들에게 벼슬을 내려 주는[擧] 제도였어. 과거 시험이 시작된 데에는 중국에서 온 쌍기라는 사람의 역할도 컸어. 쌍기는 광종에게 고려에서도 중국처럼 과거 제도를 통해 관리를 뽑는 것이 어떻겠냐고 건의했지. 광종은 그 말에 따라 과거 제도를 받아들이고 당시 고려에 들어와 있던 중국인들을 관리로 삼아 과거 시험이 잘 치러질 수 있도록 이끌게 했어. 쌍기가 시험 감독관으로 나섰던 첫 과거 시험에서는 7명의 합격자가 나왔대. 이후 과거 제도는 고려에서 조선 시대까지 계속해서 이어지게 되었지."

"그러니까 이때부터는 과거 시험을 통해 똑똑한 사람에게 벼슬을 주기 시작한 거네요?"

나선애의 말에 용선생이 고개를 끄덕였다.

"응, 광종은 후삼국 시대부터 이어져 온 세력가들 말고, 새 시대를 이끌고 나갈 새로운 신하들을 뽑으려 했던 거야. 그가 그렸던 이상적인 신하의 모습은 바로 학문에 뛰어난 사람이었던 거고. 그런가 하면, 광종은 신하들의 옷인 공복(公服)의 색도 법으로 정해 주었어. 가장 높은 서열은 자주색, 그 다음 서열은 붉은색, 그 아래는 주황색, 제일 아래는 초록색이었지."

"응? 그거 삼국 시대에도 있었던 제도 아니에요?"

"그래! 영심이가 제대로 기억하고 있구나. 왕이 공복 색을 정해 주고 나니 신하들 사이의 높고 낮음이 한눈에 들어오게 되었어. 이

〈지장시왕도〉 일부
지옥에서 중생을 구원하고 다스리는 지장보살과 시왕을 그린 그림의 아랫부분이야. 공복을 입은 고려 관리들의 모습이 그려져 있어. 공복은 관리들이 조정에 나아갈 때 입는 옷을 말해.

제 신하들 사이에서는 '어느 집안 출신'인가보다 '왕이 내려 준 벼슬의 등급'이 더 중요해진 거야."

아이들은 예전에 배운 내용을 다시 떠올리며 고개를 끄덕였다.

"이제 자신감을 얻은 광종은 수도 개경의 이름을 '황제의 수도'라는 뜻에서 '황도(皇都)'로 고치고, '광덕'과 '준풍'이라는 독자적인 연호를 사용했지. 고려는 태조 때도 독자적인 연호를 사용했었어. 태조나 광종 모두 고려가 강대한 나라라고 자부하고 있었지. 독자적인 연호 사용은 고려를 황제의 나라라고 생각하고 있었다는 증거야."

"멋지다! 광종이 왕위에 오른 게 참 잘된 일 같아요."

곽두기가 신이 나서 말했다.

"하지만 광종은 너무 난폭하게 나라를 다스렸다는 평가를 받기도 해."

"그게 무슨 말씀이세요?"

"왕권을 세우는 일을 무엇보다 중요하게 여겼던 광종은 자신의 명령에 따르지 않는 신하들에게는 아주 가혹했어. 가차 없이 벼슬을 빼앗고 감옥에 보냈지. 이렇게 엄격하게 벌을 내리자, 그 과정에서 억울하게 누명을 쓰고 목숨을 잃은

용두사지 철당간
고려 시대에 지어진 '용두사' 터에 남아 있는 당간이야. 당간은 사찰에서 의식을 치를 때 깃발을 걸어 두던 기둥을 말해. 이 당간에는 광종이 사용한 '준풍'이란 연호가 새겨져 있어. 충청북도 청주에 있단다. 높이 12.7m, 국보.

신하들도 많았다고 해. 아무리 공을 많이 세웠던 신하라고 해도 예외가 아니었지. 가령 후삼국을 통일하는 데 큰 공을 세웠던 박수경이라는 신하가 있었는데, 그는 태조의 목숨을 구한 적도 있었어. 그런데 그의 아들들이 모함을 받고 감옥에 갇히게 된 거야. 박수경은 분한 나머지 앓다가 죽고 말았대. '목숨을 걸고 전쟁터를 누빈 대가가 이거냐!' 싶었겠지. 그렇게 15년 정도가 흐르면서, 국왕을 위협할 정도로 기세가 등등했던 신하들이 대부분 목숨을 잃거나 힘을 잃게 되었어. 심지어 광종은 아들인 태자까지도 자신의 왕위를 노리는 건 아닌가 하고 의심했대."

"으, 너무하셨네. 적당히 했으면 좋았을걸……."

허영심이 머리를 짤짤 흔들었다.

"그럼 광종은 훌륭한 사람이에요, 나쁜 사람이에요?"

장하다가 묻자 용선생이 난처한 표정을 지었다.

"그야…… 딱 잘라 말하긴 어렵지. 그러니까 지금까지도 개혁적이었다는 평가와 지

나치게 잔인했다는 평가를 같이 받고 있는 것 아니겠니?"

"그래도 신하들을 막 잡아 가두고 많이 죽인 건 잘못이에요."

"그러게 신하들이 진작 왕한테 잘 협조했어야지. 광종이 세게 나 갔으니까 왕위 다툼이 겨우 멈춘 거라고."

"하긴 혜종이나 정종이 아무 일도 못한 걸 생각하면……."

아이들이 조용해지자 용선생이 다시 입을 열었다.

성종, 평화로운 시대를 열다

"광종의 뒤를 이은 경종은 왕위에 오른지 얼마 지나지 않아 세상 을 떠났어."

"이 시대에는 왕들이 다 일찍 죽는 것 같아요……."

영심이 안타까운 목소리로 말했다.

"그 뒤를 이은 것은 사촌 동생인 성종이었어. 성종이 왕위에 오른 것은 981년, 태조가 세상을 떠난 지 38년이 지난 후였지. 성종은 이제 다툼은 그만두고 고려의 기틀을 다지는 데 온 힘을 쏟아야 한 다고 생각했어. 그래서 신하들에게 조언을 구했지. 어떻게 해야 바 른 정치를 펼 수 있는지 말이야. 이제 성종은 신하들과 함께 의논 해서 나라를 다스리겠다고 선언을 한 거야. 그러자 신하들이 글을

써서 올렸는데, 그중 최승로라는 신하의 글이 남아 있어. 최승로는 어려서부터 똑똑하고 공부를 잘하기로 유명했어. 12살 때는 태조 앞에 나아갈 기회가 있었는데, 《논어》를 술술 읽어 내서 태조가 직접 상을 내려 주었다지."

"《논어》? 그거 책이죠? 책을 잘 읽는 게 그렇게 대단한 일인가?" 장하다가 고개를 갸웃거렸다.

"《논어》는 공자의 말이나 행동을 담은 책인데, 그 내용이 심오하거든. 물론 한문 책이니, 너희 만한 나이에 술술 읽기는 쉽지 않겠지? 최승로는 이런 실력을 인정받아 일찍부터 벼슬길에 나아가 여러 명의 왕을 섬기며 관리로 일했어. 그리고 성종 때에는 왕의 기대에 맞게 훌륭한 글을 지어 올렸지. 최승로는 성종에게 올린 글에서 먼저 이전 왕들이 잘한 일과 잘못한 일을 하나하나 되짚었어. 지난 역사로부터 교훈을 얻자는 거였지. 특히 사람들의 마음을 잘 헤아려 통일이라는 큰 업적을 달성한 태조를 크게 칭찬하고, 그와 같은 정치를 펼쳐야 한다고 말했지. 그런 뒤에 앞으로 고려가 나아가야 할 방향에 대해 이야기했어. 주로 백성들의 부담을 줄여 주고, 유교의 가르침에 따라서 임금과 신하가 화합하여 정치를 해야 한다는 내용이었지. 최승로가 남긴 이 글을 〈시무 28조〉라고 불러. '지금 힘써야 할 28가지의 일'이라는 뜻이야. 지금은 그중 22가지만 남아 있고, 6가지는 전해지지 않고 있어."

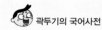

곽두기의 국어사전

《논어(論語)》
공자와 제자들이 주고받았던 대화와, 공자의 말씀을 정리한 책이야. '논(論)'은 '자세히 따진다'는 뜻이고, '어(語)'는 '설명한다'는 뜻이야.

"역시 어느 시대나 똑똑한 사람들이 꼭 필요하다니까!"

왕수재가 흐뭇한 웃음을 흘리자 허영심이 "그런데 왜 네가 좋아하니?" 하고 핀잔을 했다.

"그 뒤로 최승로는 더욱 높은 벼슬에 올랐고, 성종은 최승로의 도움을 받아 나라를 다스리는 데 꼭 필요한 여러 제도들을 정비했단다. 일단 나랏일을 하는 중앙 관청들을 갖추었는데, 그러려면 어떤 관청을 두어 어떤 역할을 하게 할지가 중요한 문제였겠지? 성종과 최승로는 중국의 제도를 받아들이기도 하고, 고려만의 독자적인 기구를 만들기도 했어."

용선생이 표가 그려져 있는 종이 한 장을 꺼내 짚어 보였다.

"이게 고려 시대의 중요 기관들이란다."

"헤, 모르는 말들만 잔뜩 있네."

〈시무 28조〉 중 일부

- 임금께서 직접 불교 행사에 참여하시어 차를 갈고 보리를 찧는 등의 수고로운 일을 하시는 것은 좋지 않습니다.
- 외교와 무역을 위해 중국에 사신을 보내는 일이 너무 잦으니, 두 임무를 합쳐 그 횟수를 줄이십시오.
- 절에서 백성들에게 돈과 곡식을 빌려 주고 이자를 받는 일에 문제가 많으니, 그 방식을 고쳐야 합니다.
- 지방에 관리들을 파견하여 백성들의 삶을 보살피게 하십시오.
- 중국의 문화 중에서 좋은 것은 배워 따르되, 옷차림과 같은 것은 우리나라의 풍습에 따라 사치하지 않게 하십시오. 모두 똑같이 따라 할 필요는 없습니다.
- 연등회와 팔관회 준비에 백성들이 많은 고생을 하고 있습니다. 그 부담을 줄여 주십시오.

장하다가 머리를 긁적였다.

"걱정 마라, 이 선생님이 다 알려 줄게! 고려의 관청은 2성 6부로 이루어져 있었어. 중국 역사에서도 가장 모범적인 제도라고 평가되는 당나라의 3성 6부제를 받아들여 고려의 실정에 맞춰 운영한 거였지."

"3성이 2성이 된 거네요?"

"그래. 중서성, 문하성, 상서성이라는 3성이 있고, 상서성 아래에 6부의 실무 행정 조직이 있는 게 당나라의 제도인데, 고려는 중서성과 문하성을 합쳐서 중서문하성으로 운영했어. 중서문하성에서 정책을 세우고, 상서성에서는 6개 부서가 분야별로 나뉘어 정책을 실행하는 방식이었지. 예를 들어 이부는 관리의 임명과 인사 문제를, 병부는 군사와 관련된 분야를 맡아 처리했어. 이 두 개의 성과 여섯 개의 부가 고려의 가장 핵심적인 관청이란다. 이부, 병부 하는 부들은 조선 시대에도 비슷하게 이어지게 돼."

용선생이 표의 다른 쪽을 짚으며 설명을 이었다.

"2성 6부와 별개로 두었던 이 기관들은 각자 고유의 임무를 갖고 있었어. 먼저 어사대는 관리들이 일을 잘하는지, 부정을 저지르지는 않는지 감찰하는 기관이야. 지금으로 치면 감사원과 마찬가지인데, 신라 때부터 비슷한 기관이 있었던 것을 성종 때 어사대로 이름 지은 거야. 그리고 옆에 있는 중추원과 삼사는 중국 송나라의

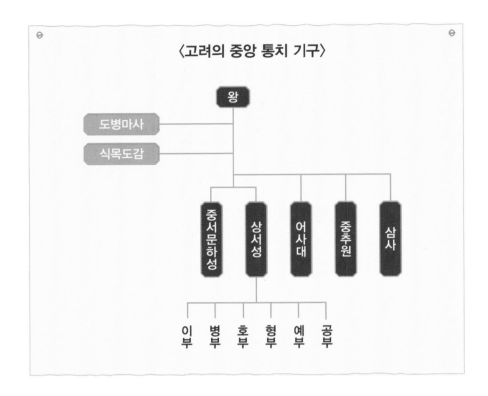

〈고려의 중앙 통치 기구〉

제도를 본받은 거야. 중추원은 왕의 명령을 전달하는, 말하자면 왕의 비서실과 같은 역할을 했고, 삼사는 창고의 장부 관리를 맡았던 기관이야."

"고려의 독자적인 기관도 만들었다고 했는데, 그러면 옆에 따로 있는 도병마사와 식목도감이 그런 기관인가요?"

나선애가 표의 다른 쪽을 가리키며 물었다.

"그래, 잘 맞혔구나. 이 둘은 고려의 독자적인 기구인데, 모두 높은 관리들이 모여서 나랏일을 놓고 회의를 하는 기구였어. 도병마

사는 국방이나 외교 등 대외 문제를, 식목도감은 나라 안의 각종 제도나 규칙 등을 다루었지. 성종은 이런 중앙의 정치 기구 외에도 수도 개경의 도시 배치를 손보는 한편 전국 각지에 직접 관리를 내려보내 백성들을 관리하고 생활을 보살피도록 했어. 또 개경에는 종합 대학인 국자감을 세우고, 지방에는 학교를 세워서 젊은 인재들에게 유학 교육을 시켰지."

"음, 뭔가 나라가 탄탄해지는 분위기네요."

5도 양계

"그렇지? 이렇게 성종 때부터 다음 시간에 이야기할 현종 때까지 고려는 여러 기구와 제도를 부지런히 갖추어 나갔어. 현종 때는 지방 제도도 정비해서 국경 지역을 제외한 전국을 5도로 나누고, 국경 지역에는 북계와 동계를 두어서 외적을 대비할 수 있도록 했어.

'고려국조'가 새겨진 청동 거울
거울 뒤편에 '고려국조(高麗國造)'라는 글자가 새겨져
있는 청동 거울이야. 이는 고려에서 만들었다는
뜻이야. 지금 말로 표현하면 'Made in Korea'라는
의미지.

이로써 중앙과 지방의 모든 제도들이 갖추어졌지. 고려가 세워진 지 70년에서 100년 정도가 지나자, 드디어 나라의 기틀이 잡힌 거란다."

"후아, 기틀을 잡는 데 진짜 오래 걸리네요!"

"그럼, 기틀을 튼튼히 세워야 나라가 건강하게 성장할 수 있으니까. 자, 오늘 수업은 여기서 끝이다. 그럼 이제 개태사 안을 천천히 둘러볼까?"

용선생의 말에 아이들은 신이 나서 두셋씩 짝을 지어 흩어졌다.

"역시 광종이 잘한 거라니까."

"내가 보기엔 태조가 제일 멋져!"

"난 또 배고파."

재잘거리는 아이들의 뒷모습을 바라보며, 용선생은 크게 기지개를 폈다. 맑은 개태사의 공기가 용선생의 가슴속을 시원하게 훑고 지나갔다.

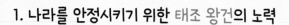 

나선애의 정리노트

1. 나라를 안정시키기 위한 태조 왕건의 노력

지방 세력가들 & 신하들	높은 벼슬과 재산을 내려 줌
	성씨, 본관을 내려 주거나 자기 지역에 대한 지배권을 줌
	공신, 세력가들의 딸과 결혼함(그래서 부인만 29명)
	중앙에 진출한 세력가들을 사심관으로 임명함
	지방 세력가들의 아들을 기인으로 삼음(인질과 비슷)
백성들	불교를 통해 전쟁으로 지친 백성들을 달램
	백성들의 세금을 줄여 주고, 곡식을 나누어 줌
	외적의 침입에 대비해서 성을 쌓고 북쪽으로 영토 확장

2. 〈훈요 10조〉란?

태조가 후손들을 위해 남긴 '열 가지 중요한 가르침'

3. 태조 이후 왕들

4대	광종	* 왕권 강화에 목숨 건 왕! 잔인한 폭군이란 평가도 있음! • 노비안검법 : 억울하게 노비가 된 사람들을 풀어 줌 • 공복 제도 : 서열에 따라 공복 색깔을 정해 줌 • 과거 제도 : 학문에 뛰어난 사람들을 뽑음
6대	성종	* 나라의 기틀을 다진 왕! 최승로의 〈시무 28조〉에 따라 바른 정치를 펼침 • 나랏일을 맡아 하는 중요한 기관을 세움 (중서문하성 - 검토, 결정 / 상서성 - 집행) • 지방 제도를 정비하고 개경과 지방에 교육 기관을 세움 (개경 - 국자감)
8대	현종	* 마침내 고려의 제도 완비 • 전국을 5도와 양계로 나누어 다스림

게시판 ⌄

📄 역사가 제일 쉬웠어용!
📄 이제는 더~ 말할 수 있다!
📄 필독! 용선생의 매력 탐구
📄 전교 1등 나선애의 비밀 노트

태조 왕건이 꿈꾼 고려의 모습은?

태조 왕건이 꿈꾸었던 고려의 모습은 어떤 것이었는지 궁금하지 않니? 앞서 잠깐 말했지만 여기에서는 콕 찍어서 말해 줄게.

후백제·신라와 겨루었던 시절에 왕건이 여러 지역 호족들의 마음을 얻었다고 했었지? 그런데 왕건은 호족들뿐만 아니라 많은 사람들이 믿고 따랐던 스님들이나, 공부를 많이 한 똑똑한 학자들을 높이 대우해서 나라를 잘 다스릴 수 있도록 도움을 받았어. 발해가 멸망한 뒤에 고려로 피난을 온 수많은 발해 사람들도 다 받아 주고, 재주에 따라 일을 맡겼지. 그 사람이 불교를 공부했든 유학을 공부했든, 신라 출신이든 발해 출신이든 가리지 않고, 재주가 있는 사람이면 얼마든지 받아들였던 거야. 왕건이 후삼국을 통일할 때 앞장서서 싸웠던 장수들도 어느 한 지역이나 신분 출신은 아니었어. 고려가 후백제와 신라를 아우를 수 있었던 것은 이렇게 다양한 인재들에게 기회를 주고 그들의 힘을 이용했기 때문이었지.

그게 뭐 대수냐고? 지금은 누구나 공부를 잘하면 가고 싶은 학교에 갈 수 있고, 능력만 있으면 하고 싶은 일을 할 수가 있지. 하지만 옛날에는 그렇지 않았어. 통일 신라 때만 해도 왕족이거나 경주 출신의 귀족이어야만 나랏일에 참여할 수 있었어. 바로 이런 시대에 왕건이 살고 있었어. 능력이 있어도 경주에 사는 왕족이나 귀족이 아니면 제대로 인정을 받지 못했던 세상이었지.

번영을 누렸던 신라가 무너진 이유도 바로 여기에 있어. 옛 고구려와 백제의 사람들, 그리고 아무리 똑똑하고 공부한 것이 많아도 귀족이 아니라는 이유로 버림받았던 사람들의 불만이 결국 신라가 아닌 다른 나라를 찾게 한 것이었지. 태조 왕건은 당시 사람들의 불만이 무엇이었는지를 잘 꿰뚫어 보았던 거야. 그래서 여러 가지 재주를 가진 사람들을 폭넓게 받아들여서 기회를 주었던 것이지. 왕건은 사람들이 자신의 능력을 마음껏 발휘해서 더 좋은 세상을 만들 수 있는 나라를 꿈꾸었던 거야.

 COMMENTS

🐨 장하다 : 와, 왕건은 통이 엄청 큰 것 같아요.

↳ 🐹 용선생 : 그래, 왕건은 이런 말을 남기고 웃으며 세상을 떠났대. "덧없는 인생은 예로부터 그러했느니라." 스무 살에 궁예의 부하가 되어 전쟁터를 누비고, 후삼국을 통일한 영웅이 마지막으로 이런 말을 하다니. 좀 멋있지?

한국사 퀴즈 달인을 찾아라!

01 ★★☆☆☆

고려의 왕들이 갑자기 우르르 나와서 당황스러웠지? 이쯤에서 한번 정리하고 넘어가 보자!

1대	2대	3대
	혜종	

4대	5대	6대
	경종	

02 ★★☆☆☆

고려의 왕과 그 왕이 한 일을 서로 짝지어 줄래?

1대	4대	6대
①	②	③

ⓐ	ⓑ	ⓒ
과거 제도 만들기	사심관 제도 만들기	국자감 만들기

03 ★★★★★

태조 왕건이 밑줄 그은 '이들'을 자신의 편으로 만들기 위해 했던 정책으로 옳지 않은 것은 무엇일까? (   )

> <u>이들</u>은 '재산이 많고 세력이 강함'을 뜻하는 말과 '친한 무리'를 뜻하는 말이 합쳐진 말이야. 신라의 혼란을 틈타 지방에서 힘을 길렀지. 이들은 스스로를 성주나 장군이라고 부르게 했어.

① 높은 벼슬과 재산을 내려 주었다.

② 녹읍을 폐지하고, 직접 봉급을 줬다.

③ 자신의 성씨인 '왕씨'를 내려 주었다.

④ 이들의 딸을 부인으로 맞이해 가족 관계를 맺었다.

04 ★★★☆☆

역사반 아이들이 광종에 대해 이야기를 나누고 있네. 무슨 얘기를 하는지 들어 볼까?

 ① 일단 똑똑한 사람들을 관리로 뽑기 위해 과거 시험을 실시했어.

 ② 억울하게 노비가 된 사람들을 심사해서 양민으로 만들어 주기도 했지.

 ③ 그 뭐냐, 공복 제도? 그런 것도 실시했대. 그게 뭔지 잘 기억은 안 나지만. 헤헤.

 ④ 으이그! 공복 제도는 신하들이 조정에서 입는 옷의 색깔을 지정해 준 거잖아.

 ⑤ 광종은 신하들과 상의해서 나라를 다스리고자 했대. 그래서 최승로가 〈시무 28조〉를 올렸지. 광종은 왕건처럼 부드러운 카리스마가 있는 왕이었나 봐.

 앗, 여기서 혼자 딴소리를 하는 아이가 있네. 그 아이의 번호는 바로 (   )!

• 정답은 253쪽에서 확인하세요!

크고 작은 많은 사건들 속에서도 고려는 점차 안정되어 갔어.

하지만 고려 밖의 상황은 급변하고 있었어. 북쪽 대륙에서 거란이 빠른 속도로

성장하고 있었거든. 고려의 문턱까지 영토를 넓힌 거란은 결국 고려를 공격해 왔어.

고려는 침착하게 그에 맞서 싸웠단다.

자, 그럼 세 차례에 걸쳐 벌어진 고려와 거란의 전쟁에 대해 알아보자.

982
최승로가
〈시무 28조〉
를 올리다

서희가 거란과
협상을 하다

거란이
두 번째로
쳐들어오다

거란군이
개경을
불태우다

강감찬이
귀주에서
거란군을
물리치다

993   1010   1011   1019

윤관이
별무반을 만들다

1104

〈귀주 대첩도〉

3교시

고려, 거란과 전쟁을 치르다

✔ 알고 있는 용어에 체크해 보자!

☐ 거란 ☐ 서희 ☐ 강동 6주
☐ 강감찬 ☐ 귀주 대첩

"으아악! 너희들 치사하게 한꺼번에 공격하기야!"

장하다는 밀려나지 않으려고 발버둥을 쳤지만, 아이들에게 밀려 결국 동그라미 밖으로 내동댕이쳐지고 말았다. 장하다는 씩씩거리며 소리를 쳤다.

"선생님! 갑자기 웬 밀어내기 게임이에요? 이런 거 말고 일대일로 붙는 게임을 해요!"

과자를 입에 털어 넣던 용선생이 켁켁 기침을 했다.

"깜짝이야! 과자가 목에 걸릴 뻔했네. 그거 다 이유가 있어서 시킨 거야. 자, 그럼 이제 수업을 시작해 볼까나. 여기가 어디인지 아는 사람?"

"강감찬 장군이 태어난 낙성대예요."

곽두기가 우렁차게 대답했다. 장군이라는 소리에 귀가 번쩍한 장하다가 "강감찬 장군이면 살수 대첩?" 하자 수재가 피식 웃으며

왕수재의 지리 사전

낙성대(落星垈)
강감찬 장군이 태어난 집터야. 그가 태어날 때 이곳에 큰 별이 떨어졌대. 그래서 별[星]이 떨어진[落] 곳[垈]이라는 뜻으로 낙성대라고 이름 붙였어. 서울시 관악구에 있어.

"그건 을지문덕이고!" 했다. 머쓱해진 장하다가 헤헤, 웃었다.

"강감찬 장군은 고려가 거란과 치른 전쟁에서 큰 승리를 하도록 이끈 사람이야."

"거란하고 전쟁이요?"

"그래. 우선 이 지도부터 보렴. 그러면 왜 전쟁이 일어났는지 이해할 수 있을 거야."

용선생이 바닥에 지도를 펼치자 아이들이 우르르 모여들었다.

"여기가 고려가 있었던 한반도, 그리고 저 위 북쪽에는 거란이 있었어. 그 남쪽으로는 송나라가 이어지고 있었고. 또 하나, 고려와 거란 사이에는 여진족들이 흩어져 살고 있었지. 우리가 오늘 살펴볼 시대는 이렇게 여러 세력들이 서로 힘을 겨뤘던 시기였어."

 태풍의 먹구름, 거란의 성장

"거란? 어디서 많이 들어 본 것 같은데……."

지도를 들여다보던 곽두기가 고개를 갸우뚱거렸다.

"거란은 몽골 초원 지역에서 흩어져 살면서 유목 생활을 하던 부족이었어. 아주 오래전에 고구려의 광개토 대왕에게 정벌을 당한 적이 있는데 기억나니? 또 발해를 세울 때 대조영과 고구려 유민들이 영주에서 탈출한 얘기를 했었지? 이때도 거란의 반란으로 혼란스러운 틈을 타서 도망칠 수 있었어."

"아, 기억난다! 선생님, 발해가 망한 것도 그 거란 때문이었죠?"

두기의 말에 용선생의 표정이 환해졌다.

"그렇지! 들어 보렴. 10세기 초, 거란에서

불궁사 석가탑 요나라 때인 1056년에 만들어진 거대한 탑이야. 중국에서 가장 오래된 목탑이래. 중국 산시성 쉬저우시에 있어. 높이 약 67m.

거란인의 모습 몽골 초원과 랴오허강 유역을 호령하던 거란 사람들의 모습이야. 이들은 말타기에 능숙했고, 매사냥도 즐겼어.

는 '야율아보기'라는 뛰어난 지도자가 나타났어. 그는 흩어져 있던 거란 부족을 하나로 모아 나라를 세웠어. 바로 '요'였지. 요를 세운 이후에도 계속 '거란'이라고도 불렀어. 이후 거란은 무서운 속도로 주변을 정복했어. 발해도 바로 이때 거란에게 순식간에 멸망을 당한 거였어. 그리고 거란은 그 칼끝을 중국 땅으로 돌렸어."

장하다가 허망하게 무너진 발해를 떠올리며 "어휴" 했다.

"이때 중국은 여러 나라로 분열되어 있었어. 이 시기를 '5대 10국 시대'라고 불러. 거란은 중국이 혼란스러운 때를 틈타 조금씩 남쪽으로 땅을 넓혀 갔어. 그 결과, 지금의 베이징 일대까지 거란의 땅이 되었지."

"이러다 곧장 고려로 쳐들어오는 거 아니야?"

"그러게, 불안하다."

아이들의 얼굴에 걱정스런 표정이 떠올랐다.

"그로부터 30년쯤 뒤인 960년, 중국에는 큰 변화가 일어났어. 조광윤이라는 사람이 세운 송나라가 중국을 통일한 거야. 이제 한반도의 고려, 대륙

조광윤(927~976) 군인의 아들로 태어나 '후주'라는 나라의 장군이 되었어. 960년에 '송(宋)'을 세우고 분열된 중국을 하나로 통일하는 데 앞장섰어.

북쪽의 거란, 남쪽의 송이라는 세 나라가 동북아시아의 큰 세력이 된 거지."

"응? 나라 크기가 이렇게 차이가 나는데, 어떻게 고려를 큰 세력이라고 할 수 있어요?"

팔짱을 낀 채 듣고 있던 왕수재가 입을 삐죽이 내밀자, 용선생이 빙그레 웃으며 알쏭달쏭한 소리를 했다.

"바로 그 부분이 오늘 수업에서 가장 재미있는 부분이지! 수업이 끝날 때쯤이면 이해하게 될 거야. 자, 그럼 이때 고려에서는 무슨 일이 있었는지 알아볼까?"

 ## 1차 전쟁, 그리고 강동 6주

"고려의 태조 왕건은 발해를 멸망시킨 거란을 매우 경계했어. 〈훈요 10조〉에도 거란과는 가까이 하지 마라는 유언을 남겼지. 거란이 발해를 멸망시켰듯이 고려도 언제 공격할지 모른다고 생각했던 거야. 마침 거란 사신이 낙타를 선물로 가지고 온 일이 있었어. 태조 왕건은 본보기로 그 사신을 섬에 유배 보내고, 낙타는 만부교라는 다리 밑에 묶어 굶겨 죽였다고 해."

"예? 그건 좀 너무 했어요."

"낙타들이 무슨 잘못을 했다고."

"태조 왕건은 그렇게 극단적인 대응을 함으로써 거란과는 절대 친하게 지낼 수 없다는 것을 국내외에 알리려고 했던 거야. 그리고 서경을 중심으로 성을 쌓고 북쪽으로 땅을 조금씩 넓혀 나갔지. 그러면서 한반도 북부에 살고 있던 사람들을 고려의 주민으로 삼기도 했어. 그런데 세력을 넓히던 거란도 어느새 한반도 북부까지 힘을 미치게 됐어. 이런 상황에서 터진 것이 바로 고려와 거란 간의 1차 전쟁이야."

저절로 긴장이 된 아이들이 침을 꼴깍 삼켰다.

"993년, 거란의 대군이 압록강을 건너 몰려왔어. 거란군을 이끄는 소손녕은 거란에서 손꼽히는 용맹한 장수였지. 고려는 후삼국을 통일한 뒤로 60년 가까이 전쟁을 겪지 않았는데 큰 위기를 맞이한 거야."

"그럼 거란이 먼저 고려로 쳐들어온 거네요?"

"응, 사실 거란의 진짜 목표는 고려가 아닌 송나라였어. 당시 거란은 중국 땅까지 전부 차지하려는 야심을 품고 있었거든. 그러자면 송나라와 대결을 벌여야겠지. 그런데 고려가 송나라 편을 들며 공격을 해 오면 곤란할 거 아냐? 그러니 먼저 고려를 윽박질러 송나라와 아예 손을 끊도록 해 둘 셈이었던 거야."

용선생이 눈썹을 송충이처럼 꿈틀거리며 목소리를 낮추었다.

"처음에 고려 조정에서는 거란의 침입을 믿지 않았어. 그러다가 보고가 계속되자 부랴부랴 군대를 출동시켰지. 당시 국왕이었던 성종도 직접 군대를 이끌고 서경까지 갔어. 상황이 그만큼 만만치 않았던 거야. 하지만 이미 거란군이 첫 전투에서 고려군을 무너뜨리고 지금의 평안북도에 있는 봉산군이라는 지역을 함락한 뒤였어. 소손녕은 고려에 거만한 어투로 항복하라는 글을 보내왔어."

"아이구, 답답해! 초반에 기를 콱 눌러 줘야 하는데!"

장하다가 가슴을 통통 두드렸다.

"고려 조정은 크게 당황했어. 신하들은 저마다 중구난방으로 대책을 내놓았지. 결국 거란에게 땅을 넘겨주고 전쟁을 끝내자는 주장이 힘을 얻기 시작했어. 성종도 이 말을 따르려고 했지."

"엥? 제대로 싸워 보지도 않고 항복을 한다고요?"

"겁쟁이 같아요!"

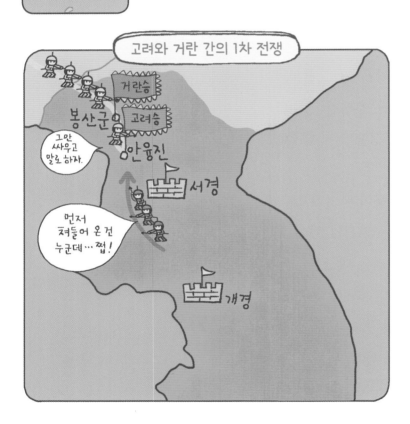

고려와 거란 간의 1차 전쟁

장하다와 곽두기가 동시에 외쳤다.

"자, 자, 진정해. 정말로 그렇게 하지는 않았으니까. 이때 서희라는 신하가 반대를 하며 나섰어. 거란의 요구를 다 들어주고 항복해서는 안 된다, 더 싸워 본 다음에 어떻게 할지를 결정하자는 얘기였지. 성종도 서희의 말이 옳다고 보고, 항복 준비를 중지하도록 명령했어. 그리고 얼마 지나지 않아 좋은 소식이 들려왔어. 안융진이라는 요새에서 거란군의 공격을 물리쳤다는 소식이 전해진 거야!"

그제야 잔뜩 굳었던 아이들의 표정이 조금 풀어졌다.

"그러자 첫 전투에서 승리한 후, 한창 우쭐하던 소손녕도 속으로 뜨끔했나 봐. 더 이상 군사들을 움직이지 않고 고려에 협상을 할 사신을 보내라는 글을 전했거든. 그런데 신하들 중 누구도 이 어려운 협상 자리에 나가려고 하지 않았어. 서희가 다시 한번 앞으로 나섰지. 성종은 협상을 하러 떠나는 서희를 직접 배웅해 주었어. 서희가 거란군의 진영에 도착하자, 소손녕은 두 가지 요구를 했어. 하나는 옛 고구려의 땅을 넘기라는 것, 다른 하나는 송나라와의 관계를 끊고 거란을 윗나라로 모시라는 것이었지. 이 두 가지 조건을 들어줘야 군대를 돌리겠다는 거였어."

"아니, 갑자기 웬 고구려 땅을 달래요?"

허영심이 황당하다는 표정을 지었다.

"자기들이 옛 고구려의 땅을 대부분 차지했고, 고려는 신라를 계승한 나라이니 고구려 땅을 차지할 권리가 없다는 거였어. 그러니 옛 고구려의 땅, 그러니까 고려가 개척했던 서경 이북의 땅을 내놓으라고 한 거지.”

“무슨 소리! 고려야말로 고구려를 계승한 나라잖아요!”

조용하던 나선애가 화가 나는지 쏘아붙였다.

“그래, 서희도 바로 그 점을 지적했지. 고려라는 나라 이름도 고구려를 계승한 것이고, 옛 고구려의 수도 평양은 지금 고려 제2의 수도인 서경이라고. 그러니 거란의 논리대로라면 오히려 거란의 땅 중에서 옛 고구려의 땅이었던 곳은 고려의 땅이 되어야 한다고 받

아쳤지. 서희의 논리적인 말에 소손녕은 더 이상 이 문제를 꺼내지
못했어."

"크, 서희…… 나랑 비슷한 사람이었구나."

팔짱을 끼고 끄덕거리는 왕수재에게 아이들의 핀잔이 쏟아졌다.

"어휴, 어디다가 널 갖다 붙이는 거야!"

"이렇게 첫 번째 문제는 풀었지만, 사실 더 중요한 것은 고려와 송나라의 관계를 문제 삼은 두 번째였어. 땅을 내놓으라는 얘기는 어쩌면 구실이고, 거란의 진짜 목적은 이거였지. 아까도 말했지만 송나라와 본격적인 대결을 앞두고 있으니 고려를 송에서 떼어 놓으려고 한 거야. 너희도 직접 밀어내기 게임을 해 봤으니 알 거야. 하다가 아무리 힘이 세다고 해도 나머지 모두가 힘을 모아 맞섰더니 결국 밀려나고 말았잖아?"

"아하! 그래서 그 게임을 시키신 거구나……. 가만, 그럼 내가 거란이었네?"

기분이 나빠야 하는 건지 아닌지 헷갈리는 장하다의 표정에 용선생이 얼른 말을 돌렸다.

뭐지, 이 찝찝한 기분은?

"자, 본론으로 돌아가서! 서희는 거란의 이런 속마음을 눈치챘던 것 같아. 그래서 그동안 거란과 교류하지 못한 것은 거란으로 가는 길이 안전하지 못했기 때문이라고 했지."

"그건 또 무슨 소리예요?"

"고려에서 거란으로 가려면 압록강 일대를 거쳐야 했어. 근데 이곳에는 여진 부족들이 살고 있었지. 여진 부족들 중에는 고려에 협조하는 부족들도 있었지만 그렇지 않은 부족들도 있었어. 한번은 고려가 압록강에 군사 시설을 지으려고 하자, 여진족이 몰려와 고려 군사들을 몰아내고 지휘관을 잡아간 일도 있었지. 서희는 여진 부족들이 방해해서 거란에 가지 못한 것이니, 고려가 이곳에 성과

도로를 만들게 해 주면 거란과 교류를 하겠다고 했어. 그 말은 옛 고구려의 땅이 고려의 것이라는 걸 인정한다면 송나라와 관계를 끊고 거란을 윗나라로 대우하겠다는 뜻이었지. 거란은 서희의 제안을 받아들여서, 압록강 남쪽이 고려의 땅이라고 인정하고 군대를 물렸어."

"아항~ 그것 참 절묘하네요! 하지만 또 쳐들어와서 도로 빼앗아 가면 어떻게 해요?"

허영심이 걱정스럽게 물었다.

"그럴까 봐 고려는 이 지역에 성들을 쌓았어. 성을 쌓는 일 역시 서희가 책임졌지. 이때 새로 성을 쌓아 고려의 영토임을 확실히 한 지역을 '강동 6주(江東六州)'라고 불러. '강동'이란 압록강 동쪽을 뜻하고 '6주'란 여섯 개의 큰 고을이라는 뜻이야. 이렇게 튼튼한 성과 요새들을 쌓아 거란의 침입에 대비한 고려는 약속한 대로 송나라와 외교 관계를 끊고 거란에 사신들을 보냈지."

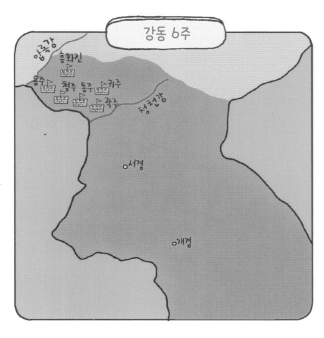

"그럼 이제 다 끝난 건가요? 생각보다 전쟁이 싱겁게 끝났네."

왕수재가 어깨를 으쓱했다.

"그랬으면 좋았겠지만, 이건 시작일 뿐이었어."

2차 전쟁, 수도 개경을 빼앗기다

"그로부터 17년 후, 거란의 황제가 직접 군사를 이끌고 고려로 쳐들어왔어. 고려와 거란 간의 2차 전쟁이 벌어진 거지."

"도대체 그 사이에 무슨 일이 있었기에 황제까지 나서서 또 쳐들어와요?"

허영심이 믿을 수 없다는 듯 물었다.

"꽤 많은 일이 있었지. 일단 강동 6주가 문제였어. 거란은 1차 전쟁 때 이 지역을 대수롭지 않게 여기고 선선히 포기했어. 그런데 사실 강동 6주는 거란과 고려 사이에서 엄청나게 중요한 역할을 하는 땅이었다 이거야. 고려는 이 지역을 갖게 되면서 압록강 일대로부터 서경과 개경으로 통하는 길목을 든든하게 지킬 수 있게 되었어. 반대로 거란의 입장에서는 고려를 공격하거나 위협하기가 어려워진 거야. 그뿐 아니라 강동 6주는 고려와 거란, 송, 여진의 물건들이 이리저리 거래되는 무역과 교통의 요충지이기도 했지."

"와, 그래서 서희가 이 지역을 협상 조건으로 걸었던 거군요?"

아이들은 서희의 지략에 다시 한 번 감탄했다.

"거란은 뒤늦게 이 사실을 깨닫고 아차, 싶었어. 강동 6주를 어떻게 하면 빼앗아 갈 수 있을까 하고 기회를 노리기 시작했지. 고려도 거란의 낌새가 심상치 않다는 걸 알고 다시 송나라와 손을 잡으려 했어. 하지만 그럴 수 없었지. 거란이 송나라와 전쟁을 벌여 이겨 버린 거야. 전쟁에서 진 송나라는 해마다 거란에 은 10만 냥과 비단 20만 필을 바쳐야 하는 굴욕을 겪게 됐지. 고려에도 다시 전쟁의 기운이 바짝 다가들었어!"

"그래도 아무 이유 없이 전쟁을 일으킬 수는 없지 않나요?"

왕수재가 안경을 고쳐 쓰며 말했다.

"그렇지. 거란이 걸고넘어진 것은 고려의 내부 사정이었어. 이때 고려에서는 강조라는 신하가 반란을 일으켜 목종을 죽이고 현종을 왕위에 올렸어. 거란은 이 일을 핑계로 삼아 군대를 일으켰어. 1010년의 일이었지."

"어? 당나라가 고구려로 쳐들어올 때랑 비슷한 이유네요?"

"맞아! 당나라 태종이 영류왕을 죽인 연개소문을 벌주겠다고 쳐들어온 것처럼, 거란의 황제는 자신들이 인정한 고려 왕을 죽인 강조를 벌주겠다며 40만이나 되는 군사들을 이끌고 쳐들어온 거야. 고려군은 지난번 전쟁처럼 첫 전투부터 패하지는 않았어. 흥화진이라는 요새에서 거란의 첫 공격을 악착같이 막아 냈지. 이 흥화진은

허영심의 인물 사전

강조(?~1010)
강조는 고려의 서북쪽을 지키던 신하였어. 목종의 어머니인 천추 태후는 김치양과의 사이에서 낳은 아들을 새로운 왕으로 세우려고 했어. 이를 반대한 강조는 반란을 일으켰어.

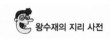

왕수재의 지리 사전

흥화진
압록강 하구 지역에 위치한 고려 최전방 요새야. 거란군은 7일이나 흥화진을 공격했지만 함락시키지 못했어.

서희의 담판으로 얻어 낸 강동 6주 가운데 하나였어. 거란 황제는 결국 흥화진을 포기하고 곧장 개경으로 향했어. 하지만 강조가 통주에서 30만의 주력군을 거느리고 거란군을 기다리고 있었지.”

“오, 이번에는 좀 해볼 만했겠네요? 첫 전투에서 승리도 했겠다, 미리 군대도 준비했겠다!”

장하다가 반가운 목소리로 말했다.

“응. 강조는 몇 차례의 전투에서 승리를 거두었어. 근데 강조는 몇 번 연이어 승리를 하더니 슬슬 상대를 얕보기 시작했어. 그러다 결국 거란군의 갑작스러운 공격에 크게 패하고 포로로 잡히고 말았지. 장수를 잃은 고려군은 뿔뿔이 흩어져 도망쳤어.”

“엥? 그럼 30만 주력군이 없어진 거네요?”

장하다가 묻자 용선생이 고개를 끄덕였다.

“그랬으니 어떻게 되었겠니. 큰 성이었던 서경과 통주성 등 몇몇 곳은 겨우 버텼지만, 개경을 향해 진격하는 거란군을 막을 수는 없었어. 개경에 있던 현종과 신하들은 남쪽으로 급히 피난을 떠나야 했지. 나라가 세워진 뒤 처음으로 개경을 포기하고 도망친 거야. 개경을 차지한 거란군은 불을 질러 모든 것을 파괴했어. 정말 뼈저린 패배였지. 멀리 전라도 나주까지 도망친 현종에게는 별 선택의 여지가 없었어. 그는 거란 황제에게 사신을 보냈어. 그만 군사들을 거두어 달라고, 그러면 자신이 직접 거란의 황제를 찾아가 항복한

나라의 왕으로서 예를 갖추겠다고."

"쯧쯧, 게임 끝났네. 주력군은 박살나고 왕은 항복하고……."

왕수재의 말에 영심이 눈을 흘겼다.

"말을 해도 그렇게 꼭……. 그래서 기쁘니? 혹시 알아, 고려군이
다시 모일지?"

"그래! 아직 전쟁은 끝난 것이 아니었어. 더구나 큰 반전이 있었지. 거란군은 개경을 빨리 함락시키는 데만 급급해서, 중간중간에 있는 성들이 강하게 저항하면 그냥 지나쳤어. 아까 통주성, 서경, 흥화진 등 함락되지 않은 성들이 있었다고 했지? 바로 이곳에 있었던 고려군들이 반전의 주인공이었어. 거란의 주력군이 남쪽으로 내려가자, 이 성들에 남아 있던 고려군들이 거란군의 뒷덜미를 공격한 거야!"

"오오오! 그렇군요! 역시 끝까지 포기하면 안 된다니까!"

신이 난 장하다가 곽두기를 와락 끌어안았다.

"양규를 비롯한 고려군의 공격에 거란군은 큰 피해를 입었어. 고려 땅 깊숙이 들어오기는 했는데, 무기와 식량을 공급받기도 어렵고, 여기저기에서 고려군이 나타나 공격을 해 대니, 얼마나 곤란했겠니? 사실 거란군이 항복하겠다는 현종의 말만 듣고 기다렸다는 듯 전쟁을 끝낸 것도 이런 어려움이 있었기 때문이야."

하지만 장하다는 아쉬운 듯 혀를 찼다.

허영심의 인물 사전

양규(미상~1011)
고려의 무신이야.
거란의 2차 침입 때
흥화진에서 성을
끝까지 지키고, 수많은
포로들을 구출한 공을
세웠어. 안타깝게도
2차 마지막 전투에서
목숨을 잃고 말았어.

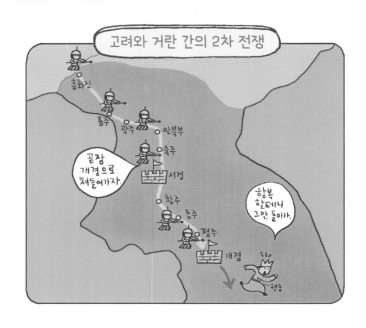

고려와 거란 간의 2차 전쟁

"쯧! 돌아가는 거란군을 붙잡아서 정신이 번쩍 나게 때려 줬어야 되는데!"

"하다 말대로, 고려군은 철수하는 거란군을 곳곳에서 공격했어. 이겼다고 생각하며 돌아가던 거란 황제와 그 군사들은 크게 당황했지. 결국 거란의 황제는 많은 병사들을 잃고 압록강 건너로 돌아갔단다. 2차 전쟁은 이렇게 고려도 거란도 크게 고생을 했던 치열한 싸움이었지."

 ## 계속되는 갈등, 그리고 3차 전쟁

"선생님! 그럼 이제 전쟁이 완전히 끝난 거죠? 거란도 혼쭐이 났으니, 다시는 공격할 생각을 못했겠죠?"

허영심이 음료수를 홀짝이며 물었다.

"아니! 현종이 항복을 하면서, 자기가 직접 거란의 황제를 찾아가겠다는 제안을 했었잖아? 거란이 2차 전쟁에서 얻은 성과는 그것밖에 없었어. 근데 현종은 몸이 아프다는 핑계를 대며 거란에 가지 않았어. 사실 현종은 전쟁을 끝내기 위해서 그랬던 거지, 처음부터 직접 거란으로 찾아갈 생각은 없었을 거야."

아이들은 애매한 표정으로 서로를 쳐다봤다.

"그래도 약속은 지켜야 되는 건데…… 모양 빠지네."

장하다가 머쓱한 표정으로 말했다.

"아냐, 전쟁을 모양으로 하니? 먼저 남의 나라에 쳐들어온 게 누구군데?"

이번엔 나선애였다.

"거란은 현종의 말 바꾸기에 무척 화를 냈어. 황제의 체면도 말이 아니었겠지. 직접 군대를 끌고 갔다가 병사들도 많이 잃고 도망쳐 왔는데, 그나마 얻은 성과마저 물거품이 되었으니 말이야. 단단히 화가 난 거란 황제는 당장 강동 6주를 내놓으라고 했지. 당연히 고려는 그 요구를 거절했어. 거란은 강동 6주를 내놓으라고 하고, 고려는 절대로 안 된다고 하고. 이런 실랑이가 계속되었어. 거란은 몇 차례 군사들을 보내 흥화진이며 통주를 공격하기도 했지. 하지만 번번이 패배하고 물러났어. 그러다 1018년, 거란은 또다시 전쟁을 일으켰어. 소배압이 10만의 군대를 이끌고 압록강을 건넌 거야."

"아이쿠, 또요? 지치지도 않나?"

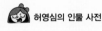

허영심의 인물 사전

강감찬(948~1031)
과거 시험에 1등으로 합격하여 관리가 되었어. 해진 옷을 입을 만큼 검소했고, 몸집이 작았대.

"하지만 고려도 이미 예전의 고려가 아니었어. 두 번이나 전쟁을 치른 뒤였으니 기민하게 움직이며 다시 성벽을 쌓고 군사들을 훈련시켰지. 거란이 다시 침입해 온다는 소식에 고려는 20만의 군대를 동원하고 강감찬에게 총지휘를 맡겼어. 바로 이 낙성대의 주인공 말이야. 강감찬은 군사들을 이끌고 서둘러 흥화진으로 출동했어. 그리고는 흥화진 옆의 하천에 기병 1만 2천여 명을 숨겨 두고, 강물을 소가죽으로 막아 두었지. 거란군이 강을 건너자, 강감찬은 소가죽으로 막아 두었던 냇물을 일시에 내려보냈어. 갑자기 늘어난 강물에 거란군이 우왕좌왕하자 그 틈을 타 기병들이 기습 공격을 했어. 고려군은 큰 승리를 거두었지."

"우아! 출발이 좋네요. 그래서 거란군은 돌아갔나요?"

"아니! 소배압은 남은 군사들을 모아서 곧바로 개경으로 달려 내려왔어. 사실 그는 국경 근처에서 전투를 벌일 생각이 없었어. 강동 6주 일대에서의 싸움이 얼마나 힘겨운지 이미 겪어 봐서 잘 알고 있었으니까. 그래서 처음부터 고려의 성을 하나씩 점령하는 대신, 단숨에 수도 개경을 손에 넣고 전쟁을 끝내 버리겠다는 전략을 짜 두었던 거야."

아이들의 얼굴에 불안한 표정이 떠올랐다.

"그렇다고 개경이 만만했느냐 하면, 절대 그렇지가 않았지. 거란 군이 몰려온다는 소식에 현종은 개경의 수비를 더욱 단단히 하고 맞서 싸울 준비를 했어. 개경 근처까지 온 소배압은 비밀리에 군사 들을 보내 개경의 상황을 살펴보게 했지. 그런데 이 군사들은 모두 고려군에게 들켜 죽임을 당했어. 그만큼 개경은 빈틈없이 방어 태 세를 갖추고 있었던 거야. 소배압은 개경을 공격할 엄두를 내지 못

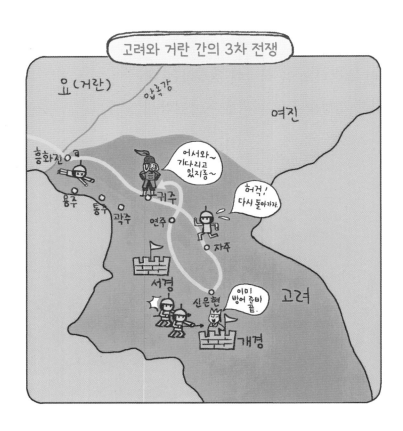

고려와 거란 간의 3차 전쟁

하고, 결국 후퇴 명령을 내렸어. 힘들게 개경까지 왔는데 고려군이 그토록 굳게 방어하고 있었으니, 상심이 보통 큰 게 아니었 을 거야."

"휴, 다행이다."

"그러게. 또 개경이 불 타는 줄 알고 간이 콩알만 해졌었네!"

아이들이 안도의 숨을 내쉬었다.

"이제 함부로 쳐들어온

거란군을 혼내 줄 차례구나! 이번에도 곱게 돌려보내지 않았겠죠?"

장하다가 소매를 걷어붙이며 목소리를 높였다.

"그럼! 강감찬은 귀주성 근처에서 거란군과 정면으로 맞붙었어. 확실히 송나라마저 무릎 꿇린 거란의 군사들은 얕잡아 볼 수 있는 상대가 아니었어. 게다가 그들은 그곳을 무사히 지나지 못하면 영영 고향으로 돌아갈 수 없으리라는 사실을 잘 알고 있었지. 두 나라 군사들 모두 물러설 기세를 보이지 않는 치열한 싸움이 이어졌어. 그 와중에 고려군이 추가로 도착했지. 그리 많은 수의 군사들은 아니었지만 이들의 출현은 한창 팽팽하던 싸움에 적잖은 영향을 미쳤어. 그런 데다 날씨도 고려군을 도왔어. 비바람이 부는 날이었는데, 갑자기 거란군 쪽을 향해 거센 바람이 몰아쳐 고려군이 유리해진 거였지. 고려군이 이때를 놓치지 않고 기세를 올리자 거란군은 마침내 달아나기 시작했어."

"만세!"

장하다가 흥분하자 나선애가 "가만있어 봐, 아직 모르니까" 하고 말렸다.

"고려군은 그들을 악착같이 쫓아가 공격했어. 그것으로 전투는 끝난 거나 마찬가지였어. 거란군의 시체와 버려진 무

귀주 대첩

기, 말들이 온 들판을 뒤덮었지. 10만의 군사 중에 이때 살아서 돌아간 거란군의 수는 고작 수천 명이었다는구나. 지휘관인 소배압은 간신히 살아남아 압록강을 헤엄쳐 달아났어. 거란의 황제는 그에게 전쟁에서 지고 돌아온 책임을 물어 유배를 보내 버렸지. 거란 황제는 또다시 고려를 공격하려 들었지만 신하들이 뜯어 말리는 바람에 뜻을 접을 수밖에 없었대. 마침내 고려와 거란의 전쟁이 완전히 끝난 거야. 그것도 고려의 큰 승리를 끝으로!"

〈귀주 대첩도〉
강감찬이 이끄는 고려군이 귀주에서 거란군을 크게 이긴 장면을 상상해서 그린 그림이야.

나선애가 "휴우~" 하고 길게 숨을 내쉬고, 장하다와 곽두기는 "만세!", "이히!" 하고 소리치며 좋아했다.

평화의 시작, 높아진 고려의 위상

"자, 이렇게 해서 전쟁이 끝나자 고려를 둘러싼 국제 관계는 크게 달라지게 됐어. 아까 수재가 말한 것처럼 고려는 거란이나 송나라에 비하면 작은 나라였어. 그러니 당연히 이들은 고려를 대수롭게 여기지 않았지. 하지만 고려가 거란의 공격을 여러 차례 막아 내자, 고려를 보는 눈이 달라졌어. 고려는 작지만 강한 나라로 알려졌고, 주변의 나라들은 모두 고려와 친하게 지내려 했어."

"맞아요! 송나라도 거란한테 졌는데, 고려는 거란을 이겼잖아요."

곽두기의 말에 용선생이 고개를 끄덕였다.

"고려와 여러 번 싸워 본 거란이야 더 말할 것도 없었지. 더 이상 고려를 얕잡아 보지 않고 오히려 명절이나 고려 국왕의 생일이 되면 사신을 통해 선물을 보내는 등 태도가 싹 달라졌어. 물론 고려도 사신을 보내, 예전처럼 윗나라로 섬길 테니 평화롭게 지내자고 했지."

"엥? 고려가 이겼는데 왜 거란이 윗나라예요?"

장하다가 이해할 수 없다는 표정으로 물었다.

흥국사 탑 탁본 거란과의 3차 전쟁에서 큰 승리를 거둔 강감찬은 개경 흥국사에 석탑을 세웠어. 이 탑에는 나라의 안녕을 위하여 탑을 세웠다는 글이 새겨져 있어.

허영심의 인물 사전

문종(1019~1083)
고려의 11대 왕으로
고려 전성기를 연
인물이야. 고려는
문종 때 각종
제도가 완성되었고,
대외적으로도 평화를
누리며 문화를
발전시킬 수 있었어.

"불필요한 싸움을 없애려는 것이었지. 고려는 거란의 공격을 잘 막아 냈으니, 당장 힘으로 밀리는 것은 아니었어. 하지만 계속 전쟁이 벌어지면 어떻게 될까? 고려로서도 좋을 것은 없었겠지. 그러니 거란의 체면을 세워 주는 차원에서 예전의 관계대로 교류하자고 한 거야. 이미 상황이 한참 달라졌는데 고려가 윗나라로 대우한다고 해서, 거란이 고려를 무시할 수 있었겠니?"

장하다의 얼굴이 다시 밝아졌다.

"거란도 거란이지만, 송나라야말로 정말 깜짝 놀랐어. 송나라 조정에서는 고려와 힘을 합쳐 거란에 맞서자는 목소리가 높아졌지. 그래서 고려에 필요한 책이나 물품들도 아낌없이 보내 주고 고려를 자기네 편으로 만들기 위해 노력했어. 고려와 송나라는 상인들의 물건 거래를 통해서 조금씩 교류를 하다가, 거란과의 전쟁이 끝난 지 50여 년 뒤인 문종 때 다시 공식적으로 외교 관계를 맺게 되었지."

"이제 고려가 거란이나 송처럼 큰 세력이었다는 게 무슨 뜻인지 알겠네요."

왕수재가 한참 동안이나 고개를 끄덕거렸다.

"그래, 이렇게 해서 고려는 거란, 송나라와 함께 동북아시아의 한 축으로 존중을 받게 되었던 거야. 치열한 싸움으로 일궈 낸 성과였지. 그리고 고려는 두 나라와 활발한 교류를 통해 문화를 발전시켰어. 또 전쟁 뒤에 남겨진 수많은 거란인 포로들은 고려에 정착해 살면서 이후 고려의 문화에 많은 영향을 끼치게 되었어. 그리고 북방에는 천리장성을 쌓아서 만약의 침입에 대비했지. 전쟁은 비극이지만, 어떻게 마무리를 짓고 거듭나느냐에 따라서 소중한 양분이 되기도 하는 것이란다."

아이들은 용선생의 말을 가만히 되뇌었다.

낙성대 공원에서
만난 강감찬!

용선생 현장 강의

"선생님, 저는 그래도 전쟁은 싫어요. 많은 사람들이 죽게 되잖아요!"

두기가 쭈뼛거리며 말했다.

"물론 선생님도 전쟁은 정말 싫어. 하지만 평화는 누가 그냥 주는 게 아니라는 점, 오늘 수업을 통해 이해할 수 있겠지? 자, 오늘 이야기는 여기까지다."

한숨 돌리는 아이들 사이에서 장

강감찬 기마 동상 낙성대는 1970년대에 공원으로 조성되었어. 이곳에 강감찬 기마 동상을 비롯해 강감찬 장군의 사당과 전시관 등이 있지. 서울 관악구 봉천동에 있어.

하다가 갑자기 벌떡 일어섰다.

"두기, 가자!"

장하다와 곽두기는 용선생의 사진기를 들고 총알처럼 튀어 나갔다. 그러자 왕수재도 질세라 그 뒤를 쫓기 시작했다. 무슨 일인가 했더니, 저만치 강감찬 동상이 보였다.

"하다 형, 나 먼저 찍어 줘."

"응? 그건 아니지. 내가 먼저 찍을 거야."

둘이서 실랑이를 벌이는 사이에 왕수재가 동상 가운데 떡하니 버티고 섰다. 내가 먼저 봤네, 내가 먼저 왔네, 시끄러운 세 사람을 한심하게 바라보던 허영심이 고개를 절레절레 저었다.

'쯧쯧! 쟤들은 대체 언제 철이 들려나……?'

나선애의 정리노트

1. 10세기 초, 동북아시아의 주요 세력들

거란	고려	송
·북쪽의 유목 민족 ·'야율아보기'가 부족을 통일해 요나라를 세움	·'왕건'이 세운 나라 ·후삼국 통일	·'조광윤'이 세운 나라 ·5대 10국으로 분열되어 있던 중국 통일

2. 거란과의 전쟁 때 활약한 사람들

	대표 인물	활약
1차 전쟁	서희	협상을 통해 강동 6주를 얻어 냄
2차 전쟁	양규	돌아가는 거란군을 공격하고 포로들을 구함
3차 전쟁	강감찬	귀주에서 큰 승리를 거둠(귀주 대첩)

3. 서희의 담판

쟁점	거란의 주장	서희의 대응
옛 고구려 땅	거란이 대부분 차지하고 있으니 거란 땅!	고구려를 계승한 고려의 땅!
송나라와의 관계	송나라와의 관계를 끊고 거란을 윗나라로 모셔라!	압록강 유역까지를 우리 것으로 인정하면 그렇게 하겠다!

→ **결과:** 서희의 주장이 받아들여져 강동 6주 획득!!

4. 거란과의 전쟁이 끝난 후에는?

① 고려의 위상이 높아짐

② 송나라, 거란과 두루 친하게 지내며 문물 교류 ⟶ 고려의 전성기

용선생의 역사 카페

역사계의 슈퍼스타,
용선생의 역사 카페에
오신 걸 환영합니다

Log in

게시판 ⌄

📄 역사가 제일 쉬웠어용!
📄 이제는 더~ 말할 수 있다!
📄 필독! 용선생의 매력 탐구
📄 전교 1등 나선애의 비밀 노트

잊혀진 영웅, 양규

앞에서 고려가 거란의 공격을 여러 차례 물리쳤다는 이야기를 했지? 첫 번째 전쟁에서는 서희가 활약했고, 세 번째 전쟁에서는 강감찬이 큰 공을 세웠어. 그런데 두 번째 전쟁에서는 도대체 어떻게 거란군을 물리칠 수 있었을까?

거란과의 두 번째 전쟁은 고려가 가장 큰 피해를 입은 전쟁이야. 이때 고려는 강조의 반란으로 국왕이 바뀌면서 나라가 혼란스러웠어. 더구나 거란의 황제가 직접 고려로 쳐들어온 데다가 고려의 주력군은 이미 크게 져서 무너진 상태였어. 현종은 수도인 개경마저 빼앗기고 남쪽으로 도망을 갔지. 그런데도 거란 황제는 고려 국왕을 잡으러 가지 못하고, 중간에 군대를 되돌려야 했어. 도대체 무슨 일이 있었던 것일까?

그건 바로 신출귀몰하면서 거란군을 괴롭혔던 양규 장군 덕분이었어. 양규는 흥화진에서 군사를 지휘하던 책임자였어. 흥화진을 공격하는 거란군을 악착같이 막아 냈던 사람이 바로 양규였지. 그래서 결국 거란군은 흥화진을 포기하고 바로 개경으로 내려가 함락시켰잖아.

흥화진에 머물러 있던 양규는 그대로 보고만 있을 수 없었어. 그래서 흥화진과 이웃 성들의 남은 군사를 모아 공격을 시작했지. 목표는 거란 황제가 빼앗은 물건들과 포로들을 지키도록 뒤에 남겨 놓고 간 거란군 부대였어. 돌아가야 할 길에서 고려군이 이렇게 활약하자, 거란 황제는 불안해졌어. 우여곡절 끝에 항복을 받아 낸 거란 황제는 말머리를 돌려 고향으로 기세 좋게 돌아가려 했지.

하지만 그건 거란 황제의 꿈에 불과했어. 양규를 비롯한 고려의 장수들은 곳곳에서 줄기차게 거란군을 공격했지. 포로로 끌려가고 있었던 고려 사람들을 구출하고 거란군에게 복수를 했어. 양규가 이끄는 고려군은 비록 숫자는 적었지만 용감히 싸웠단다. 다 이긴 줄 알고 느긋하게 돌아가던 거란군은 혼비백산해서 도망치기에 바빴어. 황제고, 장수고, 병사고 할 것 없이 앞다투어 갑옷과 무기를 벗어 던지고 허겁지겁 압록강을 건너 거란 땅으로 달아났지. 이는 고려뿐만 아니라 거란의 역사책에까지 기록될 정도로 큰 승리였어.

COMMENTS

🥔 장하다 : 와, 엄청난 공을 세운 분이셨네요! 양규 장군님은 그 뒤에 어떻게 됐어요?

↳ 🥔 용선생 : 안타깝게도, 거란과의 마지막 전투에서 목숨을 잃고 말았단다. 전쟁이 끝난 뒤, 나라에서는 양규가 세운 큰 공을 기리기 위해 벼슬을 더해 주고, 남은 가족들에게 많은 곡식을 내려 주었어. 그리고 고려 역사에서 제일 높은 공신의 한 사람으로 그를 기렸지.

한국사 퀴즈 달인을 찾아라!

01 ★☆☆☆☆

이 그림 기억나지? 이 그림과는 전혀 상관이 없는 나라를 찾아 줄래?
(   )

① 거란   ② 고려   ③ 당나라   ④ 송나라

02 ★★☆☆☆

앗, 서희와 소손녕이 협상을 하고 있네. 가까이 가서, 서희가 뭐라고 말하는지 한번 들어 보자.

아유, 우리 고려도 당연히 거란과 친하게 지내고 싶죠. 그런데 압록강 일대에 있는 여진족 때문에 거란에 갈 수가 없을 뿐이에요. 그러니까 압록강 주변 땅을 고려한테 주세요. 그러면 고려에서 거란으로 바로 갈 수 있다니까요.

서희가 이 말을 한 이후에 어떻게 됐을까?

① 여진족이 멸망해 버렸어.

② 고려가 강동 6주를 차지했어.

③ 거란이 고려의 지배를 받게 되었어.

④ 거란이 제주도를 차지하게 되었어.

내 노트에 따르면, 맞는 말을 한 사람의 번호는 바로 (   )!

05 ★★★☆☆

수재는 '고려와 거란 간의 전쟁이 끝난 후 국제 관계는 어떻게 달라졌을까?'라는 제목의 글을 쓰려고 해. 그러기 위해 글감을 모으고 있는데, 다음 중 맞는 것 딱 한 개에 ∨ 표시를 해 줄래?

고려와 거란은 원수지간이 되었다. ☐	송나라는 고려와 친하게 지내려고 노력했다. ☐
고려와 송나라는 원수지간이 되었다. ☐	여진족과 송나라는 친하게 지내게 되었다. ☐

03 ★★★☆☆

아이들이 거란에 대해 이야기를 나누고 있어. 그런데 한 명은 딴소리를 하고 있네. 그게 누구지? (   )

 ① 본래 중국 북쪽 지역에서 흩어져 살던 부족이야.

 ② 야율아보기가 부족을 통일했지.

 ③ 중국의 혼란을 이용해서 땅을 야금야금 넓혀 나갔어.

 ④ 남쪽으로 땅을 엄청 넓혀서, 송나라와 충돌하게 됐어.

 ⑤ 송나라와의 전쟁에서는 비록 졌지만, 대신 고려의 항복을 받아 냈어.

04 ★★★★★

빈칸에 들어갈 나라가 고려를 쳐들어온 이유로 가장 옳은 것은 무엇일까? (   )

> 태조 왕건은 발해를 멸망시킨 ☐ 을 경계해 이 나라의 사신을 유배 보내고, 선물로 가져온 낙타를 굶겨 죽이기도 했어.

① 백성들의 불만을 밖으로 돌리기 위해 쳐들어왔다.

② 고려가 송나라의 편을 들어 공격해 올까봐 쳐들어왔다.

③ 고려를 차지해 바다로 나아가는 길을 확보하려고 했다.

④ 고려가 이 나라와 송이 교류하는 길목을 막고 있었다.

• 정답은 253쪽에서 확인하세요!

고려 시대 사람들은 어떻게 살았을까?

고려의 수도 개경은 3중의 성벽으로 둘러싸여 있었어. 그리고 지방의 각 고을마다
서로 등급이 달라서 그 안에 사는 사람들도 덩달아 신분이 달라졌고.
사람들의 일상생활을 들여다보면 더욱 흥미로운 이야기들이 많아.
고려의 결혼 풍속이나 제사를 지내고 부모의 재산을 나누어 갖는 모습을 보면
너희도 깜짝 놀랄 거야. 자, 그럼 고려 시대 사람들이 어떻게 살았는지 자세히 알아볼까?

919
개경에 궁궐을
짓기 시작하다

958
과거 제도를
실시하다

976
전시과를
실시하다

997
음서제를
실시하다

1029
개경의
나성을
완성하다

1087
《초조 대장경》을
완성하다

〈아집도 대련〉

✔ 알고 있는 용어에 체크해 보자!

☐ 개경   ☐ 음서   ☐ 전시과
☐ 주현   ☐ 속현   ☐ 향·소·부곡

"선물이든 용돈이든, 하여튼 뭘 주실 때마다 오빠만 두 배라니까. 은근히 짜증 나."

"너희 할아버진 왜 오빠한테만 두 배로 주시는 건데?"

"그게 당연한 거래! 나중에 제사 모실 아들하고 남의 집에 시집가 버릴 딸하고 어떻게 똑같이 취급하냐고, 원래 옛날 옛적부터 우리 전통이 그랬대. 치, 말이 되니?"

"말 안 되지! 아들딸 차별하는 게 전통이야? 대체 우리 전통은 왜 그런 거야!"

흥분한 나선애의 목소리가 커졌다. 그러자 용선생이 움찔하며 뒤를 돌아보았다. 사실 용선생은 칠판에 수업 자료를 붙이면서도 내내 영심과 선애의 대화에 귀를 곤두세우고 있던 차였다.

"음…… 영심이 기분이 좀 그렇겠다. 그런데 할아버님이 조금 잘못 알고 계신 게 있는 것 같은데? 고려 시대 때는 전혀 달랐거든."

"네? 정말요?"

용선생은 씩 웃으며 대답을 미루었다.

"오늘 수업 내용 중에 너희의 궁금증을 싹 씻어 줄 내용이 들어 있으니 기대하라고. 오늘은 고려 사람들의 생활 모습을 두루 살펴 볼 거야. 먼저 고려의 수도인 개경부터 시작하자!"

수도 개경은 어떻게 생겼을까?

용선생은 칠판에 붙여 놓은 고지도 한 장을 가리켰다.

"개경은 예성강과 임진강 사이, 송악산 남쪽 기슭에 자리하고 있었어. 지금의 개성 지역이지. 개경은 강과 산, 들판이 어우러져 있어서 풍수지리상으로 좋은 곳일 뿐 아니라, 여러 강이 가까우니 뱃길을 통해 세금을 거두어들이기도 쉬운 곳이었어. 또 바다도 가까워서 외국과 교류를 하기도 편리했지. 그리고 또 한 가지! 태조 왕건의 고향이 어디였더라?"

기억이 나지 않는지 고개를 젓는 아이들 속에서 나선애가 손을 들었다.

"송악이에요!"

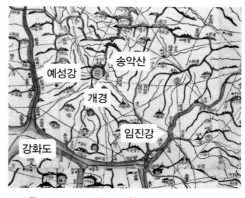

〈대동여지도〉의 개경 부분 개경은 예성강과 임진강에 둘러싸여 있고, 강화도와 가까워. 지금도 강화도의 평화 전망대에서 망원경으로 개성의 모습을 볼 수 있어.

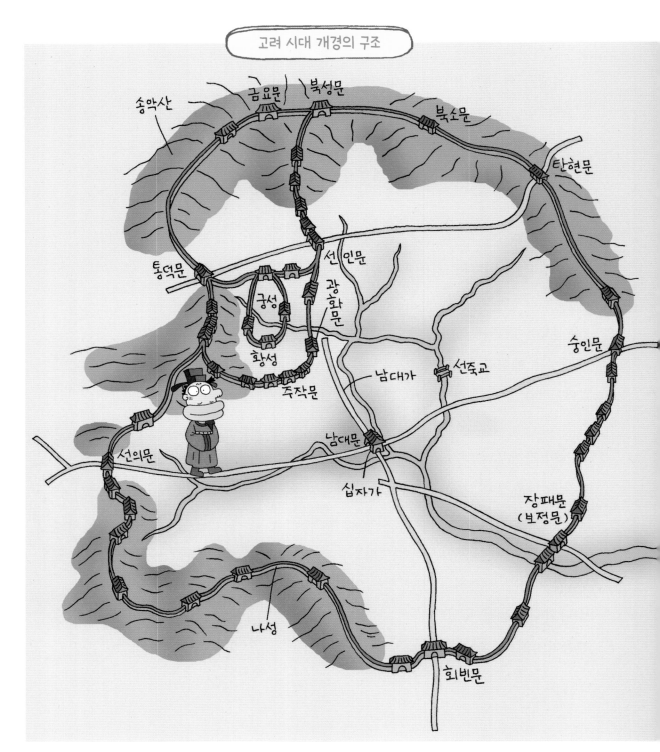

고려 시대 개경의 구조

송악산　금요문　북성문　북소문　탄현문　통덕문　선인문　광화문　궁성　황성　주작문　남대가　선죽교　숭인문　남대문　선의문　십자가　장패문 (보정문)　나성　회빈문

"맞았어! 송악이 바로 개경이야. 개경은 무엇보다 왕건이 나고 자라 자신의 세력을 키운 곳이었기 때문에 자연스럽게 고려의 수도가 된 거야."

용선생이 다시 커다란 지도를 가리켰다. 개경 시내의 모습이 그려진 지도였다.

"개경은 3중의 성벽으로 둘러싸여 있었어. 먼저 궁궐을 둘러싼 '궁성'이 있고, 그 다음에 궁성 밖을 둘러싼 '황성'이 있었어. 가장 바깥쪽에는 '나성'이라고 불렀던 긴 성벽이 있었고. 개경 안에는 궁궐을 비롯해서 여러 관청, 태묘와 사직, 또 시장과 학교, 절, 그리고 사람들의 집들이 들어차 있었어."

"궁궐 얘기 먼저 해 주세요!"

허영심이 외쳤다.

"그래, 수도면 뭐니 뭐니 해도 궁궐 이야기가 빠질 수 없겠지? 궁궐은 왕과 왕실 사람들이 생활하는 곳이자, 왕과 신하들이 나랏일을 보는 곳이야. 고려의 궁궐은 야트막한 경사가 진 산자락에 자리잡고 있었어. 그래서 궁궐 입구에서 안쪽으로 들어갈수록 건물들이 점점 더 높아 보였대. 근데 아쉽게도 지금은 궁궐이 남아 있지 않아. 대신 건물의 터라든가 주춧돌 같은 것만 남아 있지. 지금 개성에 가면, 고려 궁궐의 터가 '만월대'라는 이름으로 남아 있어."

"에이, 아쉽다."

나선애의 개념 사전

태묘와 사직
태묘는 역대 왕들의 위패(죽은 사람의 이름과 죽은 날짜를 나무에 적어 놓은 것)를 모신 곳이고, 사직은 땅의 신과 곡식의 신에게 제사를 올리는 곳이야.

만월대 고려의 궁궐이 있었던 자리야. 고려가 멸망한 후 조선 시대에 '달을 바라보는 대'
라는 뜻으로 붙여진 이름이라는 의견이 있어.

만월대에서 출토된 유물 만월대에서 출토된 새 모양 장식 기와와 연꽃무늬가
새겨진 벽돌이야. 건축 자재로 사용되었던 것 같아.

허영심이 실망스런 표정으로 중얼거렸다.

"고려 궁궐은 제법 규모가 컸던 것 같아. 궁궐 안으로 들어가 중
심 건물까지 가려면, 정문인 승평문을 포함해서 네 개의 문을 지나
야 했다니까. 승평문을 들어서면 넓은 마당인 '구정'이 나왔는데,
수천 명이 들어갈 수 있을 정도로 엄청 넓었대. 여기에서는 팔관회
를 비롯한 여러 가지 행사들이 펼쳐졌지. 궁궐의 두 번째 문은 누
각으로 되어 있어서, 왕은 2층에서 행사를 내려다볼 수 있었대. 궁
궐의 중심 건물인 회경전은 무척 화려하고 웅장했다고 해. 터의 높

회경전(복원 이미지) 고려 궁궐의 수많은 건물 중에서 가장 화려하고 웅장했다는 기록이 남아 있어. 외국에서 사신이 오거나 나라의 큰 행사가 있을 때만 사용했다고 해. 조선 시대 경복궁의 근정전과 비슷한 기능을 했어.

이가 10미터나 됐고, 붉게 칠해진 섬돌에, 난간은 구리로 만든 꽃들로 장식되어 있었다지. 그 밖에도 궁궐 안에는 수많은 전각들이 있었어. 뒤쪽에는 산자락을 타고 후원이 펼쳐져 있었고. 고려의 궁궐을 방문한 사람들은 어떤 풍경을 보게 되었을까? 높다란 문을 지나 안으로 들어갈수록, 그 뒤로 겹겹이 높아지는 전각들과 문들이 보였겠지. 화려한 장식의 높은 건물, 그 사이로 오고 가는 사람들. 아마 무척 북적였겠지?"

"근데 궁성은 알겠는데, 저 황성은 뭔가요?"

수창궁 용머리 조각
궁궐 밖의 별궁이었던
수창궁에서 발견되었어.
거란군의 침입으로 궁궐이
불타자, 현종은 이곳에서
머물렀어.

시전
시장 거리에
설치된 큰 가게를
시전이라고 해.
919년, 개경에 시전이
설치되었어. 아울러
시전을 감독하고
물가를 조절하기
위해 경시서라는
관청도 세워졌지.

왕수재가 지도를 가리키며 물었다.

"황성은 '황제가 사는 성곽'을 뜻해. 고려는 스스로 황제국이라고 했다는 것 기억하지? 황성 안쪽에는 관청 중에서도 아주 중요한 관청들이 모여 있었어. 바로 중서문하성, 상서성, 추밀원 등이었지. 또 여기엔 부여궁, 계림궁 같은 왕족들의 별궁도 여럿 있었어."

"어? 그렇다면 관리들은 황성 밖에서 살았나 보네요?"

"그래, 황성과 나성 사이의 공간이 개경 사람들의 주 생활 무대였어. 황성의 정문이자 동쪽 문인 광화문 밖에는 또 다른 관청들이 줄지어 서 있었지. 여기에는 죄인을 가두는 감옥도 있었다고 해. 이 길을 쭉 따라 내려가면 큰 가게들이 즐비한 '남대가' 길이 나왔어."

"그럼 거기가 시장이었어요?"

곽두기가 물었다.

"응. 가장 큰 시장은 국가에서 만든 '시전'이었어. 시전은 왕실이나 관청 등에서 필요로 하는 물건을 파는 곳이었어. 종이를 파는 지전, 기름을 파는 유시, 말을 파는 마전 등 특정한 물건을 전문적으로 다루는 곳들도 있었고, 땔나무나 짚신, 과일 같은 생필품을 사고파는 곳들도 있었지. 비단이나 차, 상아, 밀가루 등 외국에서

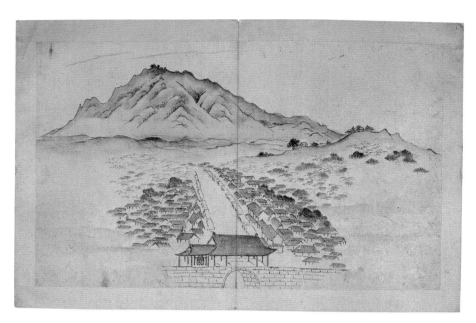

강세황의 《송도기행첩》 중 〈송도 전경〉 조선 후기 화가인 강세황이 그린 그림이야. 조선 후기 개성의 성곽, 시가지 모습이 실감나게 그려져 있어. 그림 뒤쪽에 보이는 산이 송악산이고 그림 앞쪽에 그려진 문이 개성의 남대문이야. 남대문은 고려가 멸망한 직후인 1394년에 새로 지어졌어.

들여온 물건도 이곳에서 거래되었고. 또 술집과 찻집, 음식점도 있었고, 만두를 파는 만두 가게도 있었지."

음식 이야기를 하자 침이 고이는지 용선생이 꼴깍 침을 삼켰다.

"이 남대가의 남쪽 끝은 개경을 동서로 가로지르는 큰길과 이어졌어. 이 '열 십(十) 자' 모양의 거리를 '십자가'라고 하는데, 이곳이 개경의 중심이었어. 길들을 따라 집들이 빼곡히 들어차 있었지. 아주 화려하고 사치스러운 귀족들의 집부터 허름한 보통 사람들의 집까지, 많은 집들이 섞여 있었어. 귀족의 집 중에는 궁궐보다 더 화

금제 귀이개 금으로 장식한 귀이개야. 귀이개를 금으로 장식할 정도로 고려의 지배층들은 화려한 삶을 살았어.

은제 도금 잔과 잔 받침 은으로 만든 잔과 잔 받침에 금을 입힌 거야. 꽃봉오리가 벌어진 꽃잎 위에 올라간 형태지.

은제 도금 용모양 손잡이 잔 꽃송이 같은 잔에 용머리 모양의 손잡이가 달려 있어. 은판을 두드려 꽃 모양을 만든 뒤 금을 입혔어.

은제 도금 타출 연꽃 넝쿨무늬 표주박모양 병 몸체는 은으로 만들었는데, 표면에 금을 입혀 화려하게 장식했어. 또한 꽃무늬 모양을 아름답게 표현하기 위해 금속을 두드려서 도드라진 무늬를 만들었지.

철제 금은 상감 경대
거울 받침대야. 검은 철제 막대에 넝쿨 모란꽃이 장식되어 있어. 문양 부위를 파내어 그 안에 금실과 은실을 채워 넣은 거지.

금동제 머리꽂이 꾸미개 머리를 장식하는 데 사용한 머리꽂이야. 꽃가지에 박쥐 등의 장식을 추가했어. 움직일 때마다 장식이 흔들려 매우 화려한 느낌을 줘.

려한 곳도 있었대. 큰 연못을 만들어 갖가지 꽃과 나무를 가득 심고 외국에서 들여온 앵무새와 공작을 키웠다는 거야."

"와, 대단하네……. 그럼 개경은 엄청 컸나 보죠."

"음, 나성의 길이는 23킬로미터 정도였대. 넓이는 축구장 약 3,500개를 합친 정도였고. 고려 후기의 기록을 보면 이 나성 안에 10만 호가 살고 있었대. '호'라는 건 한 가족이 사는 집을 세는 단위야. 그러니깐 한 집에 3~5명이 함께 살았다고 가정하면 개경에는 30~50만 명의 사람들이 살았다고 볼 수 있겠지."

 ## 관리가 될 수 있는 길

"이제 고려 사람들에 대해 좀 더 자세히 알아볼까? 고려 사람들의 신분은 법적으로 양인과 천민으로 구분됐어. 그렇지만 현실적으로는 이보다 좀 더 복잡했단다. 일단 왕족이나 조정의 높은 관리들은 고려의 최고 지배층이었지. 그 다음 신분은 낮은 관리들이나 군인, 지방의 향리들이었어. 이들을 보통 '정호층'이라고 해. 세 번째 신분은 평민이야. 그런데 평민은 다시 두 종류로 나뉘었어. 일반 고을에서 농사를 짓고 살면서 나라에 세금을 내던 평범한 백성들인 '백정 농민'이 있는가 하면, 특수한 지역에 살면서 나라에서 정해

곽두기의 국어사전

백정(白丁)
정호[丁]가 아닌[白] 사람이란 뜻이야. '백성'과 비슷한 말이지.

〈아집도 대련〉 '아집'은 시나 글을 쓰거나 그림을 그리고 음악을 연주하는 모임을 말해. 이 그림은 너른 정원에서 여러 인물들이 그림을 감상하고(왼쪽), 책을 보면서 부채에 글을 쓰는(오른쪽) 아집의 모습이 그려져 있어. 고려 시대의 학자나 관리들이 이상적으로 생각한 세계를 그린 것 같아. 14세기 작품으로 추정돼. 세로 139cm, 삼성미술관 리움 소장.

준 일을 해야 했던 사람들이 있었지. 그리고 네 번째로는 노비와 양수척 등 고려에서 가장 낮은 신분인 천민이 있었어."

"으, 은근히 복잡하네요."

장하다의 말에 용선생이 다시 한 번 설명을 간추렸다.

"평민이 두 종류였다고 하니까 복잡하게 느껴질 수도 있겠구나. 쉽게 말해 고려에는 최고 지배층, 중간 지배층, 농민들과 농민보다 더 무거운 부담을 졌던 특수 지역 사람들, 그리고 천민들이 있었던 거야. 이 중에서도 나라의 벼슬을 받은 관리들과 지방의 향리들, 그리고 특수 지역에 살았던 사람들의 모습을 보면 고려 사회의 특징을 이해하기가 쉬워. 고려에서는 특히 사람의 신분이 어떤 지역에 사는가와도 관련을 갖고 있었어. 이 이야기는 좀 이따가 지방 사회에 대해 알아볼 때 자세히 하기로 하고, 먼저 관리들에 대해 살펴보자. 관리가 되는 방법으로는 크게 두 가지가 있었어. 바로 과거 시험에 합격하는 것과 음서를 통해 벼슬을 받는 것이었지."

"그러면 음서는 시험 없이 벼슬을 줬다는 거예요?"

〈고려의 여러 신분〉

〈최고 지배층〉
왕족, 조정의
고위 관리

〈정호층〉
하급 관리,
군인, 향리

〈평민〉
백정,
향·소·부곡민

〈천민〉
공·사 노비,
양수척

음서(蔭敍)
조상의
음덕(蔭德)으로
벼슬을 받는 걸[敍]
말해. 음(蔭)은 '그늘,
덕택'이란 뜻이야.

나선애가 이상하다는 듯 물었다.

"그래, 음서란 나라에 공을 세웠거나 높은 벼슬에 오른 관리의 자
손들에게 벼슬을 주는 제도였어. 그 집안에 상을 내린다는 의미였
지. 높은 벼슬에 오른 관리들은 음서 제도를 통해 아들이나 손자,
혹은 외손자나 사위 등이 관직에 나아가도록 해 줄 수 있었어. 물
론 낮은 벼슬이긴 했지만 말이야. 그래도 어려운 과거 시험을 거치
지 않고 일단 관리가 될 수 있었으니, 큰 특혜였다고 할 수 있겠지?"

"불공평한 것 같아요!"

나선애가 마음에 들지 않는다며 투덜거렸다.

"그래. 하지만 고려 사람들은 음서를 통해 관리가 되는 것을 좋아
하지는 않았어. 비록 관직의 시작은 음서로 했더라도, 과거 시험에
응시해서 능력을 인정받기를 원한 사람들이 무척 많았어. 또 과거

에 급제한 사람들만 맡을 수 있는 중요한 관직들도 있었지. 과거에 급제하는 것은 큰 영광으로 여겨져서, 떨어져도 몇 번이나 다시 응시하는 사람들이 많았어. 좋은 집안 출신이라고 해도, 능력이 없으면 손가락질을 당했던 것은 예나 지금이나 마찬가지 아니겠니?"

그제야 선애의 얼굴에서 불만스러운 표정이 사라졌다.

"세월이 흐르면서, 대대로 높은 관리가 나오거나 왕실과 혼인을 맺는 집안이 생겨났어. 이런 집안들을 '문벌'이라고 불러. '문벌'은 왕실과 더불어 고려 사회에서 가장 높은 지위를 누리던 사람들이라고 할 수 있지. 물론 그중에는 사람들의 존경을 받았던 좋은 관리들도 있었지만, 권세를 함부로 부리며 나쁜 짓을 일삼던 사람들도 있었어."

"고려 시대에는 무슨 무슨 벼슬이 있었나요?"

나선애의 개념 사전

정(正)과 종(從)
같은 품계(1품~9품)
안에서 다시
위아래를 구분한
거야. 정1품이
종1품보다 높아.
'정'은 '으뜸'을
뜻하고, '종'은
'버금'을 뜻해.

이번엔 허영심이 물었다.

"정1품부터 종9품까지 총 18단계로 관리의 등급이 나뉘어져 있었어. 이들은 크게 정치를 담당하는 문신과 군사를 담당하는 무신으로 나뉘었지. 관리로 뽑히면 개경의 관청에서 일하기도 했고, 각 지방에 지방관으로 보내지기도 했지. 물론 누구는 개경에만 있고, 누구는 지방으로만 둘 수 없으니 대개는 개경과 지방을 번갈아 가며 벼슬살이를 하도록 했어. 보통 30개월을 근무한 뒤에 다른 관직으로 옮기는 것이 원칙이었지."

"일하는 시간도 정해져 있었나요?"

이번에는 왕수재가 손을 들었다.

"지금하고 비슷했어. 아침 9시에 출근해서 저녁 5시에 퇴근했고, 해가 긴 여름에는 아침 7시까지 출근하기도 했다고 해. 7시까지 출근하려면 무척 바빴겠지?"

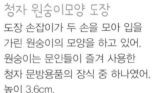

청자 원숭이모양 도장
도장 손잡이가 두 손을 모아 입을
가린 원숭이의 모양을 하고 있어.
원숭이는 문인들이 즐겨 사용한
청자 문방용품의 장식 중 하나였어.
높이 3.6cm.

용선생의 말에 허영심이 한숨을 내쉬었다.

"아침에 일찍 일어나는 건 정말 힘들어요."

"물론 월급도 나왔겠죠?"

왕수재가 다시 물었다.

"그럼! 근데 당시에는 지금처럼 돈으로 받지도 않았고, 달마다 월급으로 받지도 않았어. 고려의 관리들은 일한 대가를 두 가지 방법으로 받았어. 하나는 '녹봉'이라고 해서, 1년에 두 번, 그러니까 1월과 7월에 곡식을 받았지. 또 하나는 '전시과'라고 하는데, 이건 나라에서 얼마간의 땅을 정해 주고, 그 땅에서 나오는 곡식과 땔나무의 일부를 거두어 쓰게 한 거야. 관직이 높아질수록 녹봉과 전시과를 더 많이 받을 수 있었지."

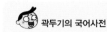

곽두기의 국어사전

전시과(田柴科)
곡식이 나오는 땅[田地]과 땔나무가 나오는 땅[柴地]을 관리들에게 각각 나누어 주는 제도를 말해.

 고려는 지방을 어떻게 다스렸을까?

"자, 이번에는 지방에 살았던 사람들에 대해 살펴보자. 전에 태조가 나라를 세우고 안정시키는 과정에서 지방 세력가들에게 자기 지역을 다스릴 수 있는 권한을 인정해 주었다고 했지? 이는 후대에도 계속 이어지면서 고려 시대의 큰 특징을 이루게 됐어. 그 결과, 각 지방은 꽤나 자율적으로 운영되었지."

"잠깐요! 좀 전에 분명히 관리들이 지방관으로 내려간다고 하셨잖아요?"

왕수재의 말에 용선생이 손을 척 들어 알았다는 표시를 했다.

"맞아, 조정에서 내려보낸 지방관들은 고을의 책임자가 되었지. 하지만 모든 고을에 지방관이 임명된 것은 아니었어. 고려에는 전부 520여 개의 고을이 있었는데 그중에서도 보통 큰 고을에 지방관을 보냈고, 그들이 주변에 있는 작은 고을의 일까지 맡아서 처리하도록 되어 있었어. 지방관이 임명된 130여 개의 고을을 '주현', 나머지 고을을 주현에 속해 있다는 뜻으로 '속현'이라고 했지. 또 각 고을 중에는 지역의 특성에 따라서 '향', '소', '부곡'이라는 특수한 마을을 거느리고 있는 곳이 많았어. 아까 말한 평민들 중에서도 특히 무거운 짐을 지고 있던 특수 지역 사람들의 마을이었지. 이런 마을이 고려 전체에 900여 곳 넘게 있었다고 알려져 있어."

"아, 그래서 신분이랑 사는 지역이 큰 상관이 있었다고 하신 거군요?"

턱을 괴고 유심히 듣던 나선애가 말했다.

"그렇지! 개경이 가장 지위가 높았다면 그 다음은 지방관이 있는 주현, 그 다음은 지방관이 없는 속현, 마지막으로 제일 지위가 낮은 것은 주현이나 속현에 딸린 향, 소, 부곡에 사는 사람들이었던 거야. 너희들 고려 초기에 자리 잡힌 본관 제도에 대해 기억하고 있지? 자신이 사는 지역은 곧 본관이기도 했어. 나라에서는 이 본관에 따라 백성들을 관리했기 때문에 고려인들은 함부로 자기 고을을 떠날 수 없었어."

"생각만 해도 숨 막히려고 하네."

장하다가 고개를 설설 흔들었다.

"하지만 과거 시험에 합격해서 관리가 된다든가, 군인이 된다든가, 나라에 큰 공을 세운다든가 하면 본관을 떠나 개경 등으로 옮겨 살 수 있었어. 또 재미난 것은 고을의 지위도 종종 바뀌는 경우가 있었어. 조정에서는 나쁜 죄를 지은 사람이 나오면 그 지역의 지위를 떨어뜨리고, 반대로 나라에 큰 공을 세운 사람이 나오면 그 지역의 지위를 올려 주기도 했지. 예를 들어서 전라도에는 고이 부곡이라는 마을이 있었거든. 그런데 이 마을 출신의 통역관이 큰 공을 세우자 나라에서는 이곳의 지위를 고흥현으로 높여 주었대. 그 마을 사람들이 모두 특수 지역 주민에서 일반 고을 주민으로 올라선 셈이지."

"와, 한 마을을 통째로! 그래도 고려는 칭찬할 사람이 있으면 아주 확~실하게 칭찬해 줬군요!"

장하다의 너스레에 다들 씩 웃었다.

 ## 지방의 터줏대감, 향리

"그럼, 지방을 어떻게 다스렸는지 알아보자. 지방관들은 주현과 속현의 중요한 일들을 책임지고 있었지만, 아까 이야기했듯이 실제로 각 고을의 여러 가지 일을 맡아서 처리하는 것은 지방 세력가들이었어. 이들을 '향리'라고 불러. 태조 왕건 시절 이후로 개경으로 옮겨 가 조정 관리로 일하면서 문벌을 이룬 집안들이 있었던 반면에, 고향에 남아 지방에서 세력을 유지해 간 집안들이 있었던 거야. 이들은 대대로 향리가 되어 자기 고장의 일을 맡아 했어. 향리들은 나라에서 땅을 지급받았고, 고을마다 향리들이 모여서 일을 하는 관청도 있었어. 향리에도 여러 등급이 있었는데, 가장 높은 지위는 '호장', 그 다음은 '부호장'이었어. 이들은 조정의 관리들처럼 등급에 따라서 복색도 따로 정해져 있었지. 큰 고을에는 호장만 8명에 향리들이 80명도 넘었대."

어느 향리 딸의 묘지석
여덟 개의 꽃잎 모양으로 만들어진
묘지석에 '낙랑(경주) 김씨의 딸로
아버지는 호장인 지원이다'라고 적혀
있어. 묘지석 주인공의 아버지는
경주 지역 호장을 지낸 김지원이라는
사람이었던 거지.

곽두기가 웃으며 "꼭 반장, 부반장 같네요!" 했다.

"향리들은 마을에서 주로 어떤 일을 했나요?"

"여러 가지 일을 했지. 우선 세금을 거두고 지방 관아의 도장을 관리하는 등 공식적인 나랏일에 관계된 일들을 맡아 했어. 하지만 이보다 더 중요한 역할은 마을 사람들 스스로 그 고장의 큰일을 해결할 수 있도록 하는 일이었지. 가령 전쟁이 나서 외적이 쳐들어오면, 향리들은 마을 사람들이 힘을 합쳐 적을 막아 낼 수 있도록 이끌었어. 또 홍수와 가뭄에 대비하기 위한 제방과 저수지를 짓는 일에 많은 사람들의 힘이 필요했겠지? 그럴 때도 향리들이 앞장섰어. 여기 이 사진을 한번 보렴."

사천 흥사리 매향비 1387년(우왕 13년)에 사천 지역의 사람들이 향나무를 땅에 묻으며 그들의 바람을 기록한 비석이야. 경상남도 사천에 있어. 높이 1.6m, 보물.

용선생이 칠판 한쪽에 붙여 놓은 사진을 가리켰다.

"웬 돌덩이래요?"

"어이구, 돌덩이라니! 이건 경남 사천 지역에 남아 있는 매향비야. 매향이란 향나무를 갯벌 같은 곳에 묻어 미륵불에게 바치며 복을 비는 불교 행사였어. 이 매향비에는 당시 이 지역 향도의 구성

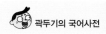
곽두기의 국어사전

향도
매향 활동을 하는
무리란 뜻이야.

원 4,100여 명이 한데 모여 향나무를 묻으며 왕이 건강히 오래오래 살 것, 나라와 온 백성이 평안할 것을 기원했다는 내용을 담고 있대. 고려 시대에는 이런 활동을 하는 향도라는 조직이 잘 발달되어 있었는데, 향도를 이끌었던 게 대개 향리들이었어. 지방에서 향리들이 얼마나 큰 역할을 했는지 알 수 있겠지?"

아이들이 천천히 고개를 끄덕거렸다.

 특산물 생산지, 소

"다음은 각 고을에 딸린 향, 소, 부곡에 살던 사람들 이야기를 해 보자. 이 지역에 사는 사람들도 일반 농민들처럼 농사를 짓고 살았어. 근데 이들에겐 특별한 의무가 지워져 있었어. 향과 부곡에 사는 사람들은 원래 자신들이 농사짓는 땅 외에 나라나 왕실, 절의 땅도 맡아서 농사지어야만 했고, 소에 사는 사람들은 나라에 특산

향도들의 매향 의식

물을 바쳐야만 했어. 어떤 소에서는 금을 캐서 바쳤고, 또 어느 소에서는 생선을 잡아 바쳤지. 또 자기나 종이, 먹과 같은 물건을 전문적으로 만드는 소들도 있었어."

"소는 왜 생겨난 건데요?"

"나라에서 필요한 물건들을 구하기 위해서였어. 금이나 은, 철과 같은 광물들이 많이 나는 곳이 있었겠지? 이런 고장을 소로 정해서 나라에서 필요한 만큼 생산해 내게 한 거야. 물건을 만들어 바쳤던 곳도 마찬가지야. 자기를 만들기 위해서는 좋은 흙이 가까운 곳에 있어야 할 테고, 또 무거워서 배로 실어 날라야 했으니 물가에 있는 곳이 좋았겠지? 이런 곳을 찾아서 자기를 만드는 소로 삼은 거야. 지금도 전라도 강진과 부안 등 서해안 일대에는 고려의 자기 소 유적이 많이 남아 있어. 자기 조각들이며, 자기를 굽던 가마터 모습을 볼 수 있지. 고려에는 이런 소가 300곳 가까이 있었다고 해."

고려의 소 분포

황주

송화
개경
고양

홍주
충주
청주
공주
보령
부여
부안
전주
김천
진주
경산
동경
무안
보성
강진
장흥
고성
진도
해남

안동

철 생산지
금 생산지
은 생산지
동 생산지
소금 생산지
종이 생산지
자기 생산지
차 생산지
의료 생산지

"소에 살던 사람들은 기술도 아주 좋았겠네요?"

장하다의 말에 용선생이 "아무렴!" 했다.

"지금 우리가 자랑하는 고려청자도 이런 소에서 만들어졌어. 나라나 왕실에서 쓸 물건들을 만드는 곳이니, 기술을 갈고닦아 훌륭한 물건을 만들어야 했을 거야. 그들 덕분에 우리가 지금 근사한 문화유산을 갖게 된 셈이지."

"하지만 너무 안됐어요. 그런 마을에서 태어났다는 이유만으로 다른 마을 사람들보다 훨씬 많이 일해야 하는 거잖아요. 열심히 일해서 만든 물건은 다 나라에 갖다 바쳐야 되고……."

영심의 말에 다른 아이들도 다들 끄덕거렸다.

"그래, 농사를 지어 먹고살기도 힘들었을 텐데, 나라에서는 또 이런저런 물건들을 만들어 와라, 캐 와라 했으니 말이야. 고려 시대의 유명한 문신인 이인로가 남긴 《파한집》에 그 모습이 잘 남아 있어. 이인로가 지방관으로 나가 있을 때, 갑자기 먹 5천 개를 만들어 보내라는 명령이 떨어졌대. 이곳에 공암촌이라는, 먹을 만드는 소

가 있었거든. 이인로는 당장 공암촌으로 달려가 먹 만드는 일을 지휘했는데, 소나무를 태워서 그을음을 만들고, 이걸 다시 모아 먹으로 만들었다고 해. 먹을 다 만들고 나니까 얼굴이며 옷이며 온통 그을음으로 시커멓게 되었다고 하면서, 자기가 매일 먹을 쓰면서도 귀한 줄을 몰랐는데 이제야 그 값어치를 알게 되었다고 적었어. 지방관이 이렇게 고생했을 정도니, 직접 먹을 만드는 사람들은 얼마나 힘들었겠니?"

아이들은 용선생의 말에 고개를 다시 한번 끄덕였다.

 고려 시대의 가족 제도

"자, 이제 끝으로 고려 시대의 '가족'에 대해 살펴보자꾸나."

용선생이 영심과 선애를 향해 눈을 찡긋해 보인 뒤 다시 말을 이었다.

"우선 '장가간다'라는 말, 다들 들어 봤지?"

"그럼요! 선생님은 언제 장가가세요?"

"끙. 그렇게 가슴 아픈 질문을 하다니! 근데 하다야, '장가간다'가 무슨 뜻인 줄 아니?"

"그야 결혼한다는 뜻 아닌가요?"

"그래, 장가는 '장인의 집'을 말하는 것이고, 시집은 '시부모가 있는 집'을 말해. 그런데 고려 시대에는 여자가 '시집'을 가는 경우보다 남자가 '장가'를 가는 경우가 더 많았어. 그러니까 결혼을 하면 남자가 처갓집 쪽으로 가서 살았다는 말이지."

"정말요? 옛날에는 결혼하면 다 남자 집에서 시부모랑 같이 살았던 거 아니었어요?"

허영심이 깜짝 놀란 목소리로 물었다.

"여자가 시댁으로 들어가서 사는 것은 조선 중기 이후가 되서야 널리 퍼진 문화야. 그 전까지는 친정집이나 그 근처에서 사는 경우가 더 많았지. 그래서 아이들도 외갓집에서 크는 일이 많았고, 자연히 외가 쪽 친척들과 친하게 지냈어."

"그럼 제사는 어디서 지냈어요? 저희 집은 명절 때만 되면 골치 아프거든요. 엄마랑 아빠랑 할아버지 댁엘 먼저 가네, 외할아버지 댁엘 먼저 가네 하시는 바람에요."

허영심이 의자에 기댔던 등을 바짝 세우며 물었다.

"고려 시대에는 자식들이 번갈아 가면서 제사를 지냈어. 아들이건 딸이건 상관없이 말이야. 또 나이 든 부모님을 모실 때도 마찬가지였고. 그러니 부모님이 돌아가신 뒤에 재산을 물려받을 때도 아들딸 구별 없이 똑같이 나누는 것이 원칙이었어. 이 당시의 문화를 잘 알려 주는 이야기가 있는데 한번 들어 볼래?"

"네!"

나선애와 허영심이 평소보다 더 큰 소리로 대답했다.

"손변이라는 관리가 경상도 지방을 살피기 위해 내려갔을 때의 일이야. 그 고을에서는 누나와 남동생이 재산 문제로 다투고 있었어. 남매의 아버지가 모든 재산을 딸에게만 물려주고, 어린 아들에게는 검은 옷 한 벌, 검은 관 하나, 신발 한 켤레, 종이 한 장만을 물려줬기 때문이지. 남동생은 다 같은 자식인데 아무것도 물려받지 못했다고 불평했고, 누나는 아버지의 유언을 지킨 것이라며 재산을 나눠 주려 하지 않았어. 손변은 이야기를 다 듣고 나서 이런 판결을 내렸어.

'자식을 사랑하는 부모의 마음은 똑같은데, 어찌 딸에게만 후하고, 아들에겐 야박하겠는가. 어린 남동생이 기댈 사람은 누나밖에 없으니, 누나에게 전 재산을 줘서 동생을 잘 보살피게 한 것이다. 그리고 동생이 어른이 되면 관청에 나가서 소송을 하라고 옷과 신발, 관, 소송장을 쓸 종이를 남긴 것이다.'

판결을 들은 남매는 뒤늦게야 아버지의 뜻을 깨닫고 서로 끌어안고 울었다고 해."

"고려의 솔로몬이네!"

장하다의 말에 다들 "맞네!", "대단하다!" 하며 맞장구를 쳤다. 영심은 선애에게 "오히려 아들이 받은 게 없다고 억울해 했다니, 아우

통쾌해!"하고 속닥거렸다.
용선생이 다시 말을 이었다.

"또 있어. 얼마 전까지만
해도 족보에는 아들을 먼저
적고 딸은 뒤에 적는 일이 많
았지. 하지만 고려 시대에는
각종 기록에 자식들의 이름
을 적을 때 태어난 순서에 따
라서 그대로 적는 경우가 많

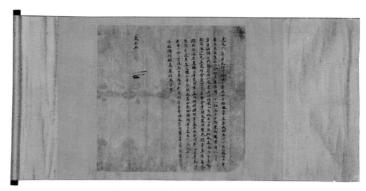

〈숙신 옹주 가옥허여문기〉 조선 태조 이성계가 딸 숙신 옹주에게 집을
내린다는 내용이 적힌 문서야. 집터, 집의 방향, 집을 짓는 데 쓰인 재목, 가옥의
배치, 건물의 칸수 등이 구체적으로 적혀 있어. 문서 끝부분에는 자손들이 영원히
거주할 것을 밝히고 있지. 가로 55.5cm, 국립중앙박물관 소장. 보물.

았어. 아들을 먼저 적는 것은 조선 후기에 가서야 널리 퍼진 문화
였지. 또 여성들이 부모님에게서 받은 재산은 결혼 뒤에도 자기 것
으로 따로 관리를 했어. 결혼을 했다고 해서 조선 후기처럼 재산
이 모두 남편의 것이 되는 게 아니었던 거야. 물론 이혼할 경우에
는 여성도 당연히 자신의 재산을 지킬 수 있었어. 또 여성이 재혼
을 하는 것도 크게 문제 삼지 않는 분위기였어. 그리고 아까 음서
에 대해 얘기했지? 음서도 아버지나 어머니 둘 중 어느 쪽의 조상
으로부터든 받을 수 있었어. 고려 사람들은 아버지 쪽만큼이나 어
머니 쪽도 중요하다고 생각했던 거야."

"아아, 고려 정말 마음에 드는 나라예요!"
영심의 만족스런 표정에 선애는 생긋 웃으며 보탰다.

염경애 묘지명 고려 시대 여인인 염경애(1100~1146)의 묘지명이야. 염경애의 가족 관계, 이력, 칭송 등을 담고 있어. 남편 최루백이 먼저 세상을 떠난 아내를 그리워하며 직접 묘지명을 지어 주었다고 해.

"여자들은 무조건 차별하는 게 우리 전통이라는 건 다 틀린 말이었네! 똑같이 대우하는 게 당연한 건데."

"하긴, 생각해 보면 당연한 거네……."

장하다도 고개를 끄덕거렸다.

"자, 오늘은 고려 시대 사람들이 살았던 모습을 두루 살펴보았어. 수도 개경의 모습, 관리들의 삶, 향리와 지방 사람들의 삶, 그리고 우리에게 값진 유산을 남겨 준 기술자들의 모습, 끝으로 가족 제도까지. 쉽게 이해되는 모습도 있고, 영 낯설게 느껴지는 모습도 있었을 거야. 이렇게 옛날 사람들이 살았던 모습을 살펴보며 어떤 것이 달라졌고 어떤 것이 지금까지 우리의 삶에 영향을 미치고 있는지를 알아보는 것은 중요한 공부란다. 오늘 수업은 여기까지!"

나선애의 정리노트

1. 고려의 수도, 개경

- 3중의 성벽. 궁성 〈 황성 〈 나성

- 궁궐은 왕과 왕실 사람들이 생활하는 곳이자,

  왕과 신하들이 나랏일을 보던 곳! 지금은 터만 남아 있음(만월대)

2. 고려의 신분 제도

최고 지배층	왕족이나 조정의 높은 관리들
정호층	중간 지배층. 하급 관리들, 군인, 향리 등
평민	백정 농민, 특수 지역 거주민 등
천인	노비, 양수척 등

3. 고려 시대의 관리

- 관리가 되는 방법 : ① 과거 시험　　② 음서
- 관리로 일한 대가 : ① 녹봉　　　　② 전시과
- 지방관이 있는 고을은 '주현', 없는 고을은 '속현'

4. 지방의 터줏대감, 향리

- 실제 각 고을의 여러 가지 일을 맡아서 처리함
- 마을 사람들이 힘을 합쳐 고장의 큰일을 해결할 수 있도록 앞장섰음(향도 이끌기 등)

5. 고려의 가족제도

- 결혼 후에 여성의 집에서 사는 경우도 많았음
- 상속 받을 때도 남녀 구분 없이 똑같이 나눔

게시판 ⌄

- 역사가 제일 쉬웠어용!
- 이제는 더~ 말할 수 있다!
- 필독! 용선생의 매력 탐구
- 전교 1등 나선애의 비밀 노트

'백정'이라는 말에 담긴 서글픈 이야기

고려 시대에는 일반 농민들을 '백정'이라고 불렀어. 이상하지? 조선 시대가 배경인 사극을 보면 소나 돼지를 잡는 사람을 백정이라고 하잖아. 도대체 왜, 조선 시대에 들어서 '백정'이라는 말의 뜻이 달라지게 된 것일까?

고려 시대에는 여기저기 떠돌아다니며 사냥을 하거나 소나 돼지를 잡고, 버드나무 가지로 그릇 따위를 만들어 파는 사람들이 있었어. 이런 사람들을 '양수척' 또는 '화척'이라고 했지. 이 사람들의 정체는 정확히 알 수가 없어. 고려와의 전쟁에서 사로잡힌 거란족이나 여진족 포로의 후손들이라고도 하고, 고려 태조가 후삼국을 통일할 때 저항하다가 벌을 받은 사람들의 자손이라고도 해.

이유야 어찌 되었든, 화척들은 자리를 잡지 못하고 여기저기 떠돌며 살았어. 농민들은 농사를 지으면 한 해 먹을 곡식을 얻을 수 있지만, 이 사람들은 하루하루 끼니를 걱정해야 했을 거야. 남들이 꺼리는 일을 한 것도 먹고살기 위해서였겠지. 소나 돼지를 잡는 것은 누군가는 꼭 해야 하는 중요한 일이지만, 보통 사람이 하기는 어려운 일이니까 말이야.

그런데 먹고살기 어렵다 보니, 화척들은 무리 지어 다니며 나쁜 짓을 저지르기도 했어. 나라에서는 화척들을 어떻게 해야 할지 무척 고민을 했지. 땅을 주고 농사를 지으라고 해도 좋아하지 않고, 그렇다고 저렇게 떼 지어 돌아다니게 내버려 둘 수도 없었으니 말이야.

조선 시대로 접어들어서도 화척들을 어떻게 하면 한곳에 정착시킬까 하는 고민은 계속되었어. 마침내 세종 임금이 '앞으로는 화척들도 백정이라고 부르도록 하라!'는 명령을 내렸어. 그러니까, 화척들이 차별을 받지 않도록 하려는 것이었지.

하지만 세상 사람들의 눈초리는 차가웠단다. 사람들은 새로 '백정'이 된 이 화척들을 '신백정', 그러니까 '새 백정'이라고 부르며 여전히 어울리려 하지 않았어. 나라에서는 이런 차별을 금지했지만, 별 소용이 없었지. 그러니 어떻게 되었겠니? 화척들은 일반 농민들처럼 '백정'이라는 칭호를 받았지만, 이제는 그 '백정'이라는 칭호가 '천한 화척들'을 뜻하는 것이 되어 버린 거야. 그리고 이 '백정'들은 천한 사람으로 아직까지 우리의 기억 속에 남게 된 것이지.

COMMENTS

곽두기 : 천한 일을 한다고 천한 사람이라고 하는 건, 옛날 일이지만 좀 이상한 것 같아요.

└ 용선생 : 응. 지금은 그 사람이 힘든 일을 한다고 해서 천하다고 여기는 것은 있을 수 없는 일이지?

한국사 퀴즈 달인을 찾아라!

01 ★☆☆☆☆

고려 시대에는 자기나 종이, 먹 같은 특수한 물건을 만드는 지역이 따로 있었대. 그런데 그 지역의 이름이 뭐더라? (   )

① 향   ② 소
③ 부곡   ④ 시전

02 ★★☆☆☆

각 지역마다 그 고장을 대표하는 집안들이 있었고, 이 집안의 사람들이 지방관과 함께 고을의 일을 처리했다고 했지. 이들을 뭐라고 불렀는지 기억나? (   )

① 백정   ② 향리
③ 문벌   ④ 정호

03 ★★☆☆☆

얘들아, 고려 시대 여성의 삶에 대해 이야기해 볼까?

① 여자도 남자와 똑같이 부모님의 재산을 물려받을 수 있었어요.

② 결혼할 때 꼭 시부모님과 같이 살지 않아도 됐어요.

③ 벼슬도 할 수 있었어요.

④ 아내와 남편의 재산은 따로 관리했다고 해요.

⑤ 제사도 맡아 지낼 수 있었어요.

에구, 딱 한 명, 엉뚱한 말을 한 아이의 번호는 바로 (   )!

04 ★★★★★

빈칸에 들어갈 장소에 대한 설명으로 옳지 않은 것을 골라봐! (   )

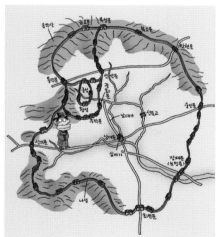

〈고려의 수도, ○ ○ 의 구조〉

① 남대가에는 물건을 파는 시전이 있었다.

② 궁성–황성–나성 등 3중 성벽으로 둘러싸여 있었다.

③ 강과 산, 들판이 어우러져 풍수지리상으로 좋은 곳이었다.

④ 황성 안쪽에는 귀족들의 집과 보통 사람들의 집이 섞여 있었다.

05 ★★★★☆

아니, 장하다가 수업 시간에는 열심히 듣는 것 같더니, 공책이 빈칸 투성이잖아! 할 수 없지. 우리가 대신 채워 주자.

※ 관리가 되는 방법
(①   ) : 나라에 공을 세웠거나 높은 벼슬에 오른 관료의 후손들에게 벼슬을 주는 제도
(②   ) : 한마디로 시험

※ 관리로 일한 대가
(③   ) : 나라에서 땅을 정해 주고, 그 땅에서 나는 것들의 일부를 가져갈 권리를 줌
녹봉 : 1년에 두 번 곡식으로 나눠 줌

① : (   )
② : (   )
③ : (   )

• 정답은 253쪽에서 확인하세요!

다양한 문화가
어우러졌던 고려

고려 시대에는 불교가 나라의 보호를 받으며 크게 발전했어.
전국 곳곳에 수많은 절과 불상들이 세워졌고, 고위 승려들을 선발하는 과거도 있었어.
뿐만 아니라 예로부터 내려온 전통 신앙이 사람들의 삶 속에서 이어지고 있었고,
유학은 정치의 근본 원리로 자리를 잡았단다. 고려는 다른 나라들과의 교류도 활발했어.
중국의 송나라를 비롯해서 거란, 여진 그리고 아라비아 상인들과도 교류하면서 풍성한 문화를
이루었어. 우리나라가 세계에 '코리아'라는 이름을 알리게 된 것도 바로 고려 시대였단다.

958	982	1065	1085	1087	1129
과거 제도를 시행하다	최승로가 〈시무 28조〉를 올리다	의천이 승려가 되다	통도사에 장생표를 세우다	《초조 대장경》을 완성하다	묘청의 주장에 따라 서경에 궁궐을 짓다

관촉사 석조 미륵 입상

✔ 알고 있는 용어에 체크해 보자!

☐ 연등회   ☐ 팔관회   ☐ 유학
☐ 사학 12도 ☐ 벽란도

연등회가 열리면
어떤 모습일까?

참고 영상

부처가 태어난 날이라는 사월 초파일, 해 질 무렵의 거리는
화려한 연등의 물결로 뒤덮여 있었다. 아이들은 연꽃 모양의 등에
서부터 석탑 모양, 부처 모양, 그리고 입이 쩍 벌어지는 거대한 용
모양의 등까지 각양각색으로 이어지는 연등 행렬에서 눈을 떼지 못

연등회 풍경 부처의 탄생을 기념하고 축하하는
의식 중 하나야. 매년 석가탄신일인 음력 4월 8일경에
치러지고 있어.

했다. 어디가 시작이고 어디가 끝인지도 모를 엄청난 행렬이었다.

"선생님! 근데 왜 등을 밝히는 거죠?"

장하다가 묻는 소리에 모두 용선생을 바라보았다.

"좋은 질문! 이제 연등은 실컷 구경했으니 찻집에서 시원한 식혜 한잔하면서 얘기해 줄게."

 ## 고려의 큰 행사, 연등회와 팔관회

"불교에서는 등불이 어두운 세상을 밝히는 '지혜'의 상징으로 여겨졌어. 그래서 부처님에게 연등을 올린 거지. 또 옛날 사람들은 부처를 모신 절이나 탑에 정성을 다해서 등을 밝히면 마음이 깨끗해지고 죽은 뒤에도 불교의 이상적인 세계인 극락에서 다시 태어날 수 있다고 믿었대. 사람들이 한데 모여 등을 밝히고 복을 비는 연등회는 이런 믿음에서부터 시작된 거야."

"그럼, 옛날부터 연등회를 한 거예요?"

"응! 신라 때 처음 시작됐다가, 고려 때는 나라의 명절이자 축제로 완전히 자리를 잡았어. 매년 2월 보름이 되면 연등회를 열었는데, 온 나라가 잔치 분위기였다고 해. 연등회가 열리는 날에는 국왕도 신하들과 함께 공연을 본 후, 태조를 기리는 절에 가서 제사

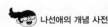 **나선애의 개념 사전**

연등
연꽃 모양의 등을 연등이라고 해. 연등을 만들면서 불교 신도들은 마음을 수행하고 부처님의 자비로운 마음을 생각하지. 또한 연등을 환하게 밝힘으로써 부처님께 소원을 빌기도 해.

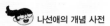 나선애의 개념 사전

8가지 계율
① 살생하지 말라
② 훔치지 말라
③ 음란한 일을 하지
   말라
④ 거짓말하지 말라
⑤ 술 마시지 말라
⑥ 몸에 꽃 장식을
   하고 향을 바르지
   말며 노래하고
   춤추는 풍악
   놀이를 하지 말고
   그런 것을 가서
   보고 듣지도 말라
⑦ 높고 넓은 큰
   평상에 앉지 말라
⑧ 때 아니면 먹지
   말라

를 지냈어. 이때 약 2~3천 명의 군사, 악공들이 왕의 뒤를 따랐는데, 그 행렬이 워낙 화려해서 큰 구경거리였대. 왕이 궁궐로 돌아올 때쯤이면 어느새 어두워진 하늘에는 별이 떠 있고, 개경의 밤거리는 꽃잎을 뿌려 놓은 것처럼 연등이 환하게 밝혀져 있었다지. 이 연등회는 팔관회와 더불어 고려에서 가장 중요한 행사 중 하나였어. 태조가 연등회와 팔관회를 매년 꼭 열라는 말을 〈훈요 10조〉에 남기기도 했지.”

“아, 기억나요! 그럼 팔관회는 무슨 행사였어요?”

나선애가 식혜 잔을 내려놓으며 물었다.

“태조 왕건은 팔관회가 하늘의 신령이나, 산·강의 신들을 섬기는 행사라고 했어. 부처 이외에 여러 신들을 섬기는 제사라고 생각하면 되지 않을까? 팔관회는 원래 8가지 계율을 지키며 몸과 마음을 바르게 하는 불교 의식이었지만, 점차 여러 신들에게 복을 비는 행사로 바뀐 거야. 연등회가 봄철에 열렸다면, 팔관회는 겨울철에 열렸어. 개경에서는 11월 보름, 서경에서는 10월 보름에 열렸지. 첫째 날엔 개경은 물론 지방의 높은 관리들이 모두 왕에게 축하의 글을 올렸어. 둘째 날엔 외국에서 온 사신이나 상인들이 선물을 바쳤지. 바로 송나라 상인 대표, 그리고 여진과 탐라의 대표들이 팔관회에 공식적으로 참석했던 거야. 그러면 왕은 그 답례로 많은 물품들을 내려 주었고. 이때는 고려가 황제 나라가 되고, 여진이나 탐라는 제후 나라가 되었단다."

"엥? 고려는 송나라나 거란을 윗나라로 모신다고 했잖아요."

왕수재가 말도 안된다는 표정으로 딴죽을 걸었다.

"그래, 잘 기억하고 있구나. 이게 바로 고려를 배울 때 재밌는 부분이지. 고려가 스스로 황제로 칭하고 독자적인 연호도 사용했던

고려의 팔관회

거 기억하니?"

"네, 태조나 광종 때 그랬다고 하셨잖아요."

"그렇지. 그런데 태조, 광종 때만 그런 게 아니라, 다른 왕들도 고려 안에서는 황제라고 칭했어. 조선 시대의 왕은 제후 나라의 왕일 뿐이었지. 그런데 고려는 송이나 거란을 황제 나라로 섬기면서도 나라 안에서는 스스로 황제라고 했던 거야."

"황제의 부하이면서 또 다른 황제이기도 한 건가요? 그러면 여진 부족들은 우리 부하였던 거예요?"

"음, 그렇지는 않단다. 지난번에 거란을 윗나라로 섬기기로 했다고 했지. 그래도 거란이 고려의 일에 이래라저래라 할 수 있는 관계는 아니었던 것과 마찬가지란다. 여진 추장들이 와서 고려 황제에게 조공을 바친다고 해서 고려가 여진을 부하로 거느린 건 아니야. 고려의 황제는 선물을 바친 외국 사신이나 상인들에게 다시 답례로 많은 물품들을 내리는데, 그 물품들이 선물로 바친 물건들보다 오히려 더 비싸고 많을 때도 있지. 황제 체면에 물품을 조금만 내릴 수는 없잖아."

"황제 노릇하려면 돈도 많이 들었겠군요."

"그래도 황제라고 하면 폼나고 좋은데?"

"어쨌든 이런 과정들이 끝나면 왕과 신하들, 그리고 외국인들은 술과 음식을 먹으며 춤과 노래, 곡예 등 각종 공연을 즐겼어. 이 동안에는 백성들도 각종 행사를 구경하며 축제를 즐겼지. 팔관회는 온 나라의 사람들이 나라의 안녕과 복을 빌면서 함께 어우러지는 고려 최고의 행사였던 거야."

 ## 사람들의 일생과 함께한 불교

"전에 우리 개태사에 갔었지? 태조 왕건이 개태사를 지은 것은 통일을 이루고 나서 백성들의 마음을 달래 주기 위해서였다고 한 것 기억나니?"

용선생의 물음에 아이들은 고개를 끄덕였다.

"태조 이후로 고려의 왕들은 나라를 잘 다스리는 데 불교가 중요하다는 점을 잊지 않았어. 처음 전해진 때로부터 벌써 수백 년이 지난 불교는 이제 단순한 종교가 아니라 사람들의 삶에서 빼놓을 수 없는 문화였으니까. 그래서 나라에서는 여러 가지 제도를 통해 불교계를 돕기도 하고, 관리를 하기도 했어."

금강령 부처님을 기쁘게 하고 모든 사람들 마음속에 있는 부처님의 자비로운 품성을 깨우기 위해 흔드는 방울이야.

쇠북 사찰에서 사람들을 불러 모으기 위해 둥근 판을 두드려 소리를 내는 도구야. 3개의 귀에 끈을 연결해 매단 상태로 사용했어.

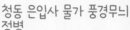

나전 대모 철 국화·넝쿨무늬 불자
마음속의 고민과 티끌을 털어 내기 위해 사용한 불교 용구야. 이 불자는 바다거북 등껍질과 전복, 진주조개 껍데기를 사용해 국화와 넝쿨무늬를 장식했어.

청동 은입사 물가 풍경무늬 정병
청동에 은을 새겨 넣어 장식한 정병이야. 정병은 깨끗한 물을 담아 두는 물병이라는 뜻으로 스님들이 반드시 지녀야 하는 물건 중 하나였어. 높이 37.5cm, 국립중앙박물관 소장. 국보.

청동 은입사 향완 향완은 사찰에서 마음속에 있는 때를 씻기 위해 향을 피우는 기구야. 향로라고 부르기도 하지. 이 향완은 은실을 사용해 용, 연꽃, 덩굴, 범어(글자) 등 무늬를 장식했어.

몸에 지니는 작은 부처 휴대용 상자에 관세음보살상을 보관해 언제든지 몸에 지니고 다닐 수 있었어. 화려한 보관을 쓰고 한 다리를 올리고 앉아 있어. 높이 4cm.

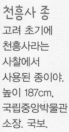

천흥사 종
고려 초기에 천흥사라는 사찰에서 사용된 종이야. 높이 187cm, 국립중앙박물관 소장. 국보.

부처를 모신 작은 집
절에 가지 않고 집에서 예불을 드릴 수 있는 작은 불당이야. 높이 28cm.

"어떤 제도들이 있었는데요?"

"먼저 아까 말했던 연등회나 팔관회처럼 불교와 관련된 각종 행사들을 들 수 있지. 또 가뭄이

〈혜심 고신제서〉 고려 고종 임금이 혜심이라는 스님에게 대선사라는 호를 내리기 위해 만든 문서야. 국왕이 승려에게 높은 직책을 내리는 구체적인 과정을 보여 주는 거의 유일한 자료야. 세로 33cm, 가로 3.6m, 송광사 소장. 국보.

나 홍수, 전염병, 전쟁처럼 나라에 어려운 일이 닥치면 여러 가지 불교 행사를 열곤 했어. 부처를 향해 어서 시련이 끝나게 해 달라고 빌기 위한 것이기도 했지만, 나라에서는 이 기회를 통해 어려운 사람들에게 먹고 마실 것도 나눠 주고, 환자도 돌볼 수 있었지."

"그러니까 불교 행사를 통해서 나라의 복지 정책을 펼 수 있던 거군요."

왕수재가 짐짓 어른스러운 표정을 지으며 말했다.

"그래, 그런 뜻이야. 또 나라에서는 훌륭한 승려를 '왕사(王師)'와 '국사(國師)'로 삼아서 나랏일에 대해 자문을 구하기도 했어. '왕사', '국사'란 말은 각각 '왕의 스승', '나라의 스승'이라는 뜻이야. 이들은 국왕에게 좋은 정치를 펴도록 조언을 하기도 했고, 불교계의 가장 높은 사람으로서 사람들의 마음을 어루만지는 데 힘쓰기도 했어. 또 일반 승려들을 위한 과거 시험이 있었어. 이걸 '승과'라고 하는데, 승과에 합격하면 나라에서 관직을 내려 주었어."

"신기하네. 스님들이 과거 시험도 봤네요?"

허영심이 호호 하고 웃었다.

 나선애의 개념 사전

승과
958년(광종 9년)에 처음으로 과거를 시행했는데, 이때 승과도 시행되었어. 처음에는 비정기적으로 실시되다가 선종 임금 때부터 일반 문과 시험과 마찬가지로 3년마다 시행되었어.

"응! 국가에서 승려의 지위를 보장해 준 거야. 그래서일까? 고려 시대에는 승려가 되기 위해 출가를 하는 사람들이 많았어. 좋은 집안일수록 아들 중 한 명은 승려가 되는 경우가 많았지. 이건 왕실도 마찬가지였어. 문종의 아들 의천은 열한 살에 승려가 된 뒤 주변에서 말리는 것도 무릅쓰고 송나라에 유학까지 다녀와서 고려 불교의 수준을 한층 높였단다. 그 밖에도 왕자 출신의 승려는 많았어. 집집마다 승려가 되려는 사람이 어찌나 많았는지, 문종은 한 집에서 아들 셋당 한 사람만 출가를 하라고 명령을 내릴 정도였지."

"햐, 그 많은 스님들이 다 절에서 살려면 절도 엄청 많이 필요했겠네요."

"그럼, 많았지. 개경에서 유명한 절만 3백여 곳이 있었다고 하니까. 그런데 스님들만 절에서 지낸 게 아니라 고려 사람들 대부분이 자주 절에 오가며 지냈어."

"왜요?"

의천(1055~1101) 고려 11대 왕 문종의 넷째 아들이야. 천태종이라는 새로운 불교 종파를 만들어 여러 불교 종파를 하나로 통합하고자 노력했어. 이 그림은 의천의 영정인 〈순천 선암사 대각 국사 의천 진영〉이야. 세로 144cm, 보물.

"당시 절은 여러 가지 역할을 했거든. 가령 여름이 되면 젊은 학생들이 시원한 절에 와서 공부를 하곤 했어. 스님으로부터 글을 배우기 위해 찾아오는 학생들도 있었지."

"네? 스님에게 글을 배운다고요?"

곽두기가 눈을 동그랗게 뜨고 물었다.

"승려들은 한문으로 된 불교 경전들을 읽어야 했으니, 글공부를 많이 했거든. 과거 시험을 준비하거나, 합격한 이들도 많았고. 그래서 고려 시대의 문집들을 보면 글을 잘 짓기로 유명했던 승려들의 흔적이 많이 남아 있어. 뿐만 아니라 사람들은 아이가 태어나면 절에 데려가서 부처님께 감사를 올리고 복을 빌었어. 안 좋은 일이 생기면 절을 찾아가 기도를 하기도 했고. 또 가족 중 누군가 죽게 되면 절에서 장례를 치르는 것이 당연한 일로 여겨졌어. 조상의 제사도 절에서 지냈고."

"그러니 사람들이 자주 갈 수밖에 없었네요."

"응. 그래서 절은 시장의 역할을 하기도 했어. 사람들이 많이 모이다 보니 자연히 필요한 물건들을 사고파는 장소가 된 거야."

허재 석관 고려 중기에 재상을 지낸 허재의 석관이야. 고려 시대 때 부유한 사람들은 불교식으로 화장을 한 후 이렇게 돌로 만든 관(석관)에 유골을 모아 묻었어. 석관 벽면에는 십이지신, 꽃과 나무 등을 새기거나 묘지명을 새기기도 했어.
가로 93cm, 세로 37cm, 높이 54.3cm, 국립중앙박물관 소장.

"그럼 절에서 싫어하지 않았나요? 부처님을 모신 곳인데……."
허영심이 엄숙한 절 분위기를 떠올리며 물었다.

"아니, 절에서 직접 물건을 만들어 팔기도 했는 걸! 기름이나 벌꿀, 소금, 기와, 비단, 심지어는 술을 팔기도 했지. 그뿐 아니라 당시 큰 절들은 많은 재산을 가지고 있었어. 왕이나 귀족들이 땅과 노비를 기부하는 일이 많았거든. 대표적인 절이 통도사인데, 땅이 넓어서 절 소유의 땅이라는 걸 표시하는 경계석을 세워야 할 정도였어. 이런 경계석을 '장생표'라고 했어. 요즘으로 치면 '외부인 출입 금지' 푯말 정도 되겠구나."

"절에서는 그렇게 모은 재산으로 뭘 했죠?"

이번에는 왕수재가 물었다.

"일단 절을 유지하는 데 썼겠지? 불상과 탑을 만들기도 하고, 건물을 새로 짓거나 고치기도 하고. 또 각종 행사를 여는 데도 많은 비용이 들었지. 한편으론 가난한 사람들을 돕는 데 쓰기도 했어. 직접 밥과 국을 나눠 주기도 했고, 곡식이나 돈을 빌려 주기도 했지.

"절이 다양한 일을 했군요."

"맞아, 고려 시대에 절은 무척이나 다양한 일을 했는데, 먼 길을 오가는 사람

양산 통도사 국장생 석표 통도사 주변에 세운 12개의 장생표로 절의 경계를 표시했어. '국장생'이라는 말은 나라에서 세웠다는 말이야. 통도사는 경상남도 양산에 있어. 높이 1.62m, 보물.

들이 쉬었다 갈 수 있는 공간을 마련해 주기도 했단다. 옛날에는
대부분 걸어서 다녔기 때문에 멀리 떨어진 곳에 가려면 며칠씩 걸
리는 것이 보통이었어. 마을이 있는 곳이야 하룻밤 묵을 곳을 찾을
수 있었겠지만, 마을이 없는 곳에서 해가 저물면 참 곤란했겠지?

고려 시대 불상과 탑

금동 보살 좌상 머리카락을
상투처럼 높이 틀어 올린 불상이야.
가슴과 배, 다리에 화려한 장식이
있어. 높이 74.7cm.

강릉 한송사지 석조 보살 좌상
하얀 대리석으로 만들었어. 원통 모양의
관, 풍만한 얼굴, 입가의 미소가 잘
표현되어 있어. 이런 모습의 보살상은
강원도 지역에서 주로 볼 수 있어. 높이
92.4cm, 국립춘천박물관 소장. 국보.

논산 관촉사 석조 미륵 입상
흔히 '은진 미륵'이라고 불러.
높이가 18.12m나 되는 거대한
불상이야. 몸 크기에 비해 얼굴
부분이 크게 강조되어 있어.
충청남도 논산에 있어. 국보.

호랑이 같은 맹수가 나올 수도 있고, 산적이 나타날 수도 있으니까. 절에서는 이런 곳에 '원'을 두고, 지나가는 사람들이 묵어갈 수 있도록 해 주었어. 물론 음식도 베풀었지."

"그러면 고려 사람들은 모두 불교를 믿었던 건가요?"

영주 부석사 소조 여래 좌상
부석사 무량수전에 있는 소조 불상
(나무로 골격을 만들고 진흙을 붙여
만든 불상)이야. 우리나라 소조 불상
가운데 가장 크고 오래된 거야.
높이 2.78m, 국보.

화순 운주사 원형 다층 석탑
각진 형태의 일반적인 탑과 다르게
동글동글한 버섯 모양으로 만든
희귀한 형태의 탑이야. 전라남도
화순에 있어. 높이 5.58m, 보물.

개성 남계원지 칠층 석탑
높이 7.54m에 달하는 7층 석탑이야.
북한의 개성시 덕암동에 있었던
석탑인데 지금은 국립중앙박물관에
있어. 국보.

파주 혜음원지 혜음원은 개경과 남경(지금의 서울)을 오가는 관리들과 백성들의 안전과 편의를 위해 나라에서 만든 숙박 시설이야. 혜음원은 왕이 행차할 때 머무는 행궁으로 사용되기도 했어. 경기도 파주시 광탄면에 있어. 사적.

용선생은 찻잔을 들어 한 모금 삼킨 후 빙그레 웃었다.

"흠, 그렇진 않았어. 이렇게 생각해 보렴. 지금 크리스마스가 되면 많은 사람들이 선물을 주고받으며 즐겁게 보내지? 하지만 그 사람들이 모두 기독교나 천주교 신자는 아니잖아? 또 우리가 모두 불교 신자인 것은 아니지만, 이렇게 연등회에 와서 즐거운 시간을 보내고 있고. 고려 시대에는 불교문화가 화려하게 꽃을 피웠지. 그러나 불교문화만이 고려 문화의 전부였던 건 아니야."

전통 신앙을 이어 나가다

"아까 이야기한 팔관회만 봐도 고려가 얼마나 다양한 문화가 있었던 사회였는지 알 수 있어. 팔관회는 부처 이외에 산신이나 여러 신들을 모시는 행사라고 했잖아. 여러 신들에 대한 전통 신앙은 사람들의 생활 깊숙이 자리하고 있었어. 예를 들어 전국 각지의 산에는 산의 신을 모시는 사당이 있었어. 산신은 그 지역 사람들에게 복을 내려 줄 수도 있고 화를 끼칠 수도 있다고 여겨졌지. 그래서 사람들은 때마다 산신을 모신 사당에 정성스럽게 제사를 올렸어. 특히 전쟁이 일어났을 때는 산신들의 신통한 힘에 대한 소문이 돌곤 했어. 어떤 산신이 모래바람을 일으켜 적을 물리쳤다더라, 어떤 산신은 눈보라를 일으켜 겁을 줬다더라, 이런 식의 이야기였지. 이렇게 산신이 적을 물리치는 데 공을 세웠다는 이야기가 나오면 나라에서 사람을 보내 감사의 제사를 지내기도 했어. 몇몇 큰 산의 산신에게는 아예 '대왕'이니 '장군'이니 하는 높은 지위를 달아 주었지."

청자 인물형 주전자 모자 앞 부분에 구멍을 내어 물을 넣을 수 있게 하였고, 복숭아 앞 부분에 다른 구멍을 내어 물을 따를 수 있도록 만들었어. 높이 28cm, 국립중앙박물관 소장. 국보.

은제 금도금 타출 신선무늬 향합 향을 담아 걸어 두는 그릇으로 13세기경에 만들어졌어. 향합 표면을 자세히 보면 신선이 그림을 감상하는 모습, 두 신선이 바둑을 두는 모습이 표현되어 있어.

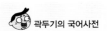
"또요. 또 다른 신 이야기도 해 주세요!"

이야기가 재미나는지, 두기가 용선생을 졸랐다.

"음, 마을마다 그 마을을 지켜 주는 수호신도 있었어. 이를 '성황신'이라고 불러. 사람들은 성황신을 잘 모시면 마을 사람들이 평화롭게 잘살 수 있지만, 그렇지 않으면 성황신이 노해서 마을에 나쁜 일이 생긴다고 믿었지. 지방관이 새로 임명을 받은 고을에 내려갈 때도 제일 먼저 성황신을 모신 성황당에 찾아가 제사를 올리곤 했어. 성황신에게 인사를 제대로 하지 않았다가 나라에서 벌을 받은 지방관도 있었단다. 함경도 등주 지역에서 실제 일어난 일인데, 새로 온 지방관이 성황신에게 제사를 지낼 때 절을 하지 않고 고개만 숙였다고 해서 문제가 된 일이 있었어. 그러자 조정에서는 그에게 지방관 일을 그만두게 했지 뭐냐."

"오, 성황신이 지방관보다 훨씬 세네!"

장하다가 신기하다는 표정을 지었다.

"허허, 그런 셈이구나. 이렇게 전통 신들의 위엄이 대단했으니 그런 신을 모시는 무당들의 영향력도 꽤 컸어. 궁궐에서도 무당들을 불러 큰 제사를 치르는 일이 종종 있을 정도였지. 특히 가뭄이 들었을 때 여러 왕들은 신통하다는 무당들을 불러들여 비를 내려 달라는 기도를 올리곤 했어."

정치의 교과서, 유학

"고려의 유학도 빼놓을 수 없지. 고려 시대에 들어 유학은 '정치의 교과서'로 자리를 잡게 되었어. 유학은 어떻게 하면 좋은 정치를 펼칠 수 있는지, 나라를 잘 이끌어 가기 위해 왕이 실천할 일은 무엇인지, 나라가 평안하려면 왕과 신하, 백성들은 각각 어떤 태도를 갖추어야 할지 등에 대해 설명을 하는 학문이야. 그래서 윗사람에 대한 존경, 아랫사람에 대한 너그러움, 나라에 대한 충성, 백성에 대한 사랑 등을 강조했지. 얘들아, 전에 최승로라는 사람에 대해 설명했던 것 기억하니?"

용선생의 갑작스러운 질문에 아이들은 열심히 기억을 더듬었다.

"아, 그 어려서부터 《논어》를 술술 읽어서 왕한테 상까지 받았다던 똑똑한 사람 아닌가요?"

왕수재가 제일 먼저 대답했다.

"그래, 맞아. 성종에게 〈시무 28조〉를 올렸던 사람이지. 그가 올린 〈시무 28조〉도 바로 유학을 토대로 한 거였어. 고려 초부터 나라를 다스리는 방법은 기본적으로 유학에서 말하는 '좋은 정치'를 모범으로 삼았던 거야."

"선생님, 유학은 고려 시대 이전에 들어왔다면서요. 그때랑은 뭐가 달랐던 건가요?"

허영심이 고개를 갸우뚱거렸다.

"응, 삼국 시대에도 《논어》와 같은 중요한 유학 경전들은 이미 소개가 되어 있었지. 또 통일 신라의 최치원처럼 유학을 깊이 있게 공부해서 중국의 과거 시험에 급제한 사람들도 있었고. 하지만 아직은 유학의 가르침에 따라 나라를 다스리는 것이 가장 좋다는 생각이 완전히 뿌리를 내리지는 못했어. 하지만 고려 시대가 되면서 유학에 대한 이해가 깊어졌고, 많은 사람들이 그 중요성에 공감했던 거야. 물론 이런 변화가 일어난 데는 큰 계기가 있었어. 그게 뭘까? 힌트를 주면 광종과 관련이 있어."

"아! 과거 시험!"

나선애가 재빨리 답을 맞혀 버리자, 왕수재는 아랫입술을 살짝 깨물었다.

청자 투각 용머리장식 붓꽂이 글을 쓸 때 필요한 붓을 꽂아 두는 붓꽂이야. 가로 17.6cm, 세로 4.8cm, 높이 9cm. 국립중앙박물관 소장. 보물.

"그래, 바로 과거 시험이 아주 중요한 역할을 했어. 유교 경전은 과거 시험의 교과서로 사용되었어. 그러니 자연스레 유학이 널리 퍼지게 되었지. 이후 성종 때에는 최승로와 같은 학자들이 활약을 하면서 나라의 여러 제도들도 유학의 가르침에 따라 정비하게 됐어. 그리고 문종 때에는 고려에 여러 사립 학교들이 생겨나면서 유학이 한층 발전하게 됐단다."

"고려 성종 때 나라에서 학교를 세웠다고 했었는데. 사립 학교도 있었던 거예요?"

나선애가 신기하다는 듯 되물었다.

"처음 사립 학교를 세운 사람은 문종 때 최고의 벼슬인 문하시중을 지냈던 최충이라는 사람이었어. 뛰어난 학자였던 그는 과거 시험을 책임지고 인재를 선발하는 '지공거'라는 직책을 여러 번 맡았어. 최충은 벼슬에서 물러난 뒤 직접 학생들을 모아 가르치기 시작했어. 지공거를 지낸 최충이 학교를 세웠다고 하니

청자 상감 '신축'명 국화 모란무늬 벼루
먹을 갈 때 사용한 벼루야. '신축'이라는 간지가 새겨져 있어. '신축'년은 1181년일 가능성이 높다고 해. 가로 13.4cm, 삼성미술관 리움 소장. 보물.

허영심의 인물 사전

최충(984~1068)
학문을 좋아하고 글짓기를 잘해서 스무 살 때 과거에 1등으로 합격했어. 일흔 살에 벼슬에서 물러난 뒤로 제자들을 길러 냈는데 배우겠다는 사람이 너무 많아서 교육 과정을 9개로 나누었대.

여기저기서 학생들이 모여들었대. 최충의 학교 출신들이 과거 시험에서 좋은 성적을 내자 다른 지공거 출신 학자들도 저마다 학교를 세웠어. 이렇게 해서 개경에 들어선 12개의 큰 사립 학교를 '사학 12도'라고 불렀어."

"크, 고려의 명문 학교들이었구나!"

"고려는 이렇게 다양한 생각과 문화들이 한데 어우러진 사회였어. 이렇게 다양한 문화가 어우러지는 데는 외국과의 활발한 교류도 한몫했지. 고려는 여러 나라와 문화를 주고받았거든."

 ## 고려와 송, 문화를 주고받다

"고려와 가장 많은 교류를 한 나라는 송나라였어. 중국은 송나라 때부터 경제적으로 크게 성장했거든. 비록 군사적으로는 거란을 비롯해서 다른 나라들의 위협을 받았지만, 고대부터 전해져 내려오던 학문과 제도, 기술에다 인구의 증가와 더욱 커진 경제력까지 합쳐져서 송나라는 동아시아 문화 대국의 자리에 있었어."

"뭐, 이웃 나라이자 최고의 선진국 아니었겠어요?"

왕수재가 고개를 까닥거리며 말했다.

"그래, 그러니 고려는 송나라의 문화를 적극적으로 받아들였어.

하지만 무조건 머리를 조아리거나, 앞뒤 가리지 않고 그대로 따르거나 한 것은 아니야. 송나라의 문화를 들여와서 고려의 사정에 맞도록 조금씩 고치고, 나름대로 연구를 해서 한층 발전시켰어. 반대로 고려의 문화가 송나라에 전해져서 높은 평가를 받고 적잖은 영향을 미치기도 했고."

"고려랑 송나라가 어떤 걸 주고받았는데요?"

"먼저 사신들을 통해 주고받은 물건들을 얘기해 줄게. 송나라에서는 사신을 통해 국왕의 옷을 비롯한 각종 비단옷과 장신구들, 금이나 은으로 만든 그릇들, 차, 용과 봉황 문양의 초, 진귀한 약재 등을 보내왔어. 고려에서는 송나라에 금과 은으로 만든 그릇, 비단, 먹, 활과 화살, 말, 칼, 인삼 같은 물건들을 보냈지. 그리고 또한 가지 절대로 빼놓을 수 없는 것이 있었는데, 그게 뭘까?"

고려에서 발견된 송나라 유물

청백자 주전자·받침과 사자 장식 베개
고려의 수도였던 개성에서 발견된 송나라 자기들이야.
개성에서 살던 왕족과 귀족들을 중심으로 다양한
송나라 자기들이 사용되었어.

《대방광불화엄경소 권 제30》 송나라의 정원이라는 스님이
《화엄경》이라는 불교 경전에 해설을 단 책이야. 1087년 송나라에서
보내 준 목판을 고려에서 인쇄한 거야. 국립중앙박물관 소장. 보물.

〈청명상하도〉에 보이는 고려인의 모습 송나라의 번화한 수도 모습을 그린 그림이야. 그림 속에서 갓을 쓰고 도포를 입은 고려인의 모습을 볼 수 있어. 고려 사람들도 송나라에 드나들었다는 것을 알 수 있지.

아이들은 저마다 눈을 굴리며 답을 떠올렸다.

"혹시 다이아몬드?"

"아니야, 분명히 음식 종류일 거 같은데……."

끙끙대는 형과 누나들 사이에서 두기가 조용히 "책이 빠진 것 같아요" 했다.

"맞았어! 바로 책이야! 앞서 유학 얘기 했잖니. 그런 사상이나 문화를 받아들이는 데 책만큼 중요한 게 또 있겠니? 당시 송나라에서 고려로 전해진 책들을 보면, 유교 경전 외에 우선 《신의보구방》과 같은 의학 책들이 있었어. 의학을 발전시키는 것은 사람의 목숨을 구하는 일이니, 의학 책이 왜 중요한지는 설명하지 않아도 알겠지? 고려에서는 의학 책뿐 아니라, 송나라의 약재와 의술도 적극적으로 받아들였어. 실력이 뛰어난 의사들을 초청하기도 했고, 아예 고려의 의사들을 송나라에 보내 의술을 배우게도 했고."

"의학 책 말고는요? 또 무슨 책이 있었는데요?"

"《자치통감》이나 《책부원구》, 《태평어람》처럼 역사와 정치에 관한 책들도 있었지. 다른 나라의 역사와 정치이지만, 그로부터 교훈을 얻으려고 한 거야. 또 고려는 송나

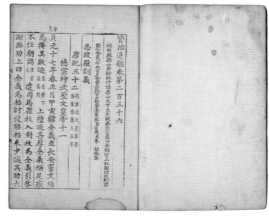

《자치통감》 송나라의 역사가인 사마광(1019~1086)이 쓴 역사책이야. 기원전 403년부터 960년에 이르는 1,362년간의 중국 역사가 연대순으로 쓰여 있지. 이 판본은 조선 세종 때 인쇄한 것으로, 여러 소장처에 나눠 보관되어 있어. 사진은 국립중앙박물관에 있는 부분이야. 보물.

고려의 의학 도구

은제 도금 침통 침을 보관하는 통이야. 고려 시대에 발달한 의학 기술과 뛰어난 공예 기술을 짐작할 수 있지.

청자 '상약국'명 음각 구름 용무늬 합 약을 담아 두기 위해 만든 청자 용기야. 이 용기에는 '상약국'이라는 글자가 뚜껑과 몸통에 새겨져 있어. 상약국은 고려 시대에 임금님의 약을 짓는 일을 담당한 기관이야. 높이 9.3cm, 국립중앙박물관 소장. 보물.

은제 약합 약을 별도로 담거나 휴대했던 용기야. 지름이 6.2cm로 작고, 고리를 매달아 휴대하기 편리하도록 했어.

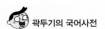

라에서 태묘와 사직, 문묘 등 유학과 관련된 각종 제도에 대한 책들, 예법에 대한 책들도 들여왔어. 그런데 사실 이런 책들은 송에서도 잘 내주려 하지 않았어. 지금으로 치면 따끈따끈한 최신 자료들이었으니, 쉽게 다른 나라에 넘기고 싶지 않았던 모양이야. 하지만 고려는 어떻게든 기어이 그 책들을 들여오곤 했어."

용선생의 말에 왕수재가 손바닥을 딱 쳤다.

"캬, 고려 사람들은 책 욕심이 대단했군요! 나랑 통하네!"

"한편, 송나라에서도 고려의 책들을 꾸준히 얻어 갔어. 고려에 좋은 책들이 많다는 말을 들은 송나라 황제가 직접 100가지가 넘는 책 목록을 보내며 꼭 보내 달라고 부탁을 한 적도 있지."

 ## 벽란도와 고려, 꼬레, 코리아

"그러면 그 많은 책들을 말에 싣거나 해서 옮긴 거에요?"

"글쎄, 고려와 송나라는 어떻게 교류를 했을까. 이야기를 하나 들려주마."

"네! 옛날이야기다!"

"'하씨'라는 중국 상인이 고려의 예성강에 왔다가 아름다운 여자를 보고 홀딱 반해 버렸대. 하지만 그 여자에게는 이미 남편이 있

었지. 하씨는 그 여자의 남편과 내기 바둑을 두면서 일부러 계속 져 주었대. 내기에 이겨 많은 물건을 받은 남편은 신이 났겠지? 하 씨가 많은 물건을 내기에 걸자, 그 남편은 욕심이 생겨 자기 아내 까지 내기로 걸었다가 하씨에게 아내를 빼앗기고 말았어. 남편은 배에 실려 멀어져 가는 아내를 바라보며 슬픈 노래를 지어 불렀대. 그런데 그때 이상한 일이 일어났어! 바다 한가운데서 배가 멈춰 버 린 거야. 당황한 중국 상인들이 점을 쳤더니 '부인을 돌려보내지 않 으면 배가 부서질 것이다' 하는 점괘가 나왔지 뭐야. 하씨는 결국 배를 돌려 강가로 돌아왔어. 이때 배에서 내린 부인도 노래를 지어 불렀고, 하마터면 생이별을 할 뻔했던 이 두 사람이 부른 노래를

〈예성강곡〉이라고 한다는 이야기야. 지금 노래는 전해지지 않고, 노래에 얽힌 이야기만 남아 있단다."

나선애는 하씨를 생각하며 혀를 찼다.

"쯧쯧, 하씨란 사람은 돈 벌러 왔다가 오히려 빈털터리가 되어 돌아갔겠네요."

"그랬을지도 모르겠구나. 흐흐. 너희에게 이 이야기를 들려준 이유가 있지. 고려에는 하씨처럼 장사를 하러 찾아오는 상인들이 정말 많았어. 그들은 거란이 막고 있는 육지를 통해서가 아니라 하씨처럼 배를 타고 고려의 예성강으로 들어온 거지."

용선생이 조그만 지도를 꺼냈다.

"봐, 개경 옆을 흐르는 강이 예성강이야. 그리고 여기에 '벽란도'라는 항구가 있었어. 푸를 벽(碧), 물결 란(瀾), 나루 도(渡). '푸른 물결의 나루'라는 뜻이야. 이 벽란도를 통해 고려에 드나드는 송나라 상인들은 두 나라 사이에서 무척 중요한 역할을 했어. 너희들, 고려가 거란과 한 약속 때문에 송나라에 사신을 보내지 않았던 시절이 있었던 것 기억하고 있지? 이때 사신의 역할을 대신했던 것이 바로 상인들이었어. 이들은 두 나라를 오가며 장사를 하고, 때로는 사신을 대신해 조정의 뜻을 전하기도 했어. 의천도 상인의 배를 타고 몰래 송나라로 떠났었지."

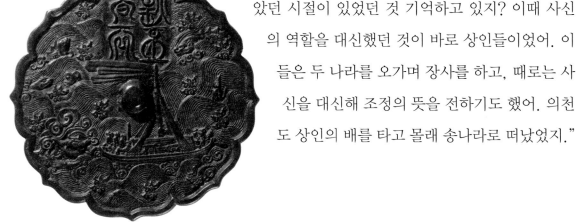

배 문양을 새긴 청동 거울 고려 시대 청동 거울이야. 돛을 단 배가 파도를 헤치며 나아가는 모습이 실감 나게 표현되어 있어.

"선생님, 그럼 벽란도에는 송나라 상인들만 온 거예요?"

곽두기가 물었다.

"아니지! 고려는 중국의 문화를 받아들였지만, 그 외에도 여러 나라들과 교류했어. 아라비아와 일본에서도 종종 고려에 찾아오곤 했어."

"아라비아요? 그 낙타 타고 다니는 사람들? 그 사람들이 고려까지 어떻게 와요?"

"당시 송나라는 뱃길을 통해 여러 나라와 활발히 무역을 했거든. 송나라에 왔던 아라비아 상인들이 고려에도 와서 물건을 사고팔았던 거야. 한번 상상해 보렴. 커다란 배에 비단이며 차, 자기 등 온갖 귀한 물건들을 싣고 돛을 펼쳐 바다로 나아가던 어느 상인. 새로 도착한 배에서 막 내린 먼 이국의 진귀한 물건에 눈길을 떼지 못하는 손님들. 소문으로만 듣던 책을 구하고 기뻐서 한달음에 집으로 뛰어가는 청년. 아마 벽란도의 모습은 이랬을 거야. 그뿐 아

벽란도의 모습

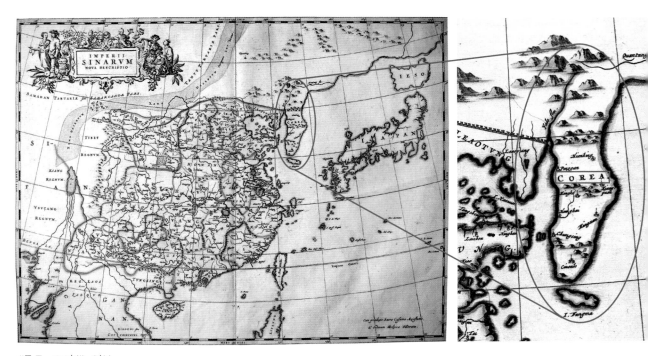

《중국 지도첩》 일부
중국에 온 이탈리아
선교사 마르티니(Martino
Martini)가 1655년에 만든
지도야. 우리나라를
'COREA'로 표기하고
반도 모양으로 그렸어.

니라 벽란도는 외국인들이 개경으로 들어오는 통로나 다름없었기 때문에 외국 사신과 상인들을 위한 숙소까지 있었다고 해."

"아, 그럼 팔관회 때 궁궐에 찾아온 외국인들도 벽란도를 거쳤겠네요?"

허영심의 말에 용선생이 "그렇지!" 했다.

"외국인들에게도 열린 행사였던 팔관회 덕에 벽란도가 더욱 번성할 수 있었던 셈이야. 또 이렇게 여러 외국과 교류를 하는 동안 '고려'라는 이름도 세계에 조금씩 알려지게 됐어. 언어에 따라서 '꼬레'가 되기도 했고 '코레아'가 되기도 했지. 이렇게 비슷한 여러 이름으로 불리다가 자연스럽게 지금의 '코리아'라는 우리나라의 영문

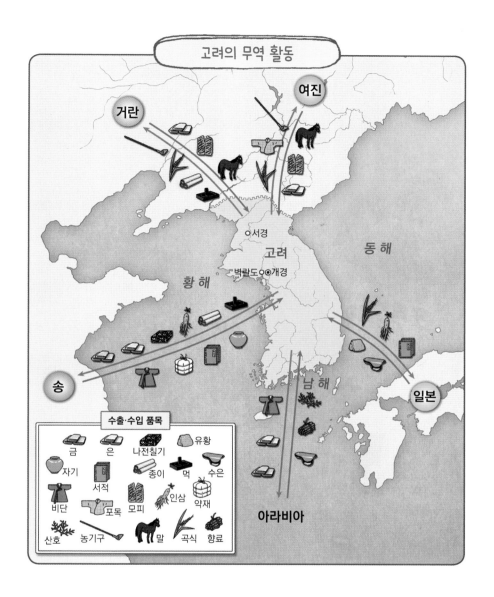

고려의 무역 활동

여진

거란

송

일본

아라비아

서경

고려

동해

벽란도 개경

황해

남해

수출·수입 품목

금　은　나전칠기　유황

자기　서적　종이　먹　수은

비단　포목　모피　인삼　약재

산호　농기구　말　곡식　향료

이름이 탄생하게 된 거야."

　"오, 진짜 발음이 비슷하네요! 고려, 꼬레, 코리아, 고려, 꼬레, 코리아……."

은병 고려에서는 은으로 만든 화폐를 이용해 무역을 했어. 표주박 모양의 은 덩어리를 은병이라 불러.

향신료 음식물에 향을 더해 주는 재료를 향신료라고 해. 고려 시대에는 후추와 같은 향신료들이 수입되었어.

장하다가 신기한지 몇 번이고 되풀이했다.

"고려는 거란이나 여진과도 교류를 했어. 고려는 곡식이나 책 등을 수출하고 거란과 여진에서 주로 말이나 모피를 수입해왔지. 이렇게 송, 아라비아, 일본, 거란, 여진 등 다양한 나라와 교류하면서 고려의 문화는 더욱 다양하고 풍부해졌단다."

고려의 다양한 문화와 대외 관계 등 여러 이야기를 하는 동안 밖은 벌써 어두워졌다.

"오늘 참 여러 가지 이야기를 했지? 고려는 이렇게 다양하고도 개방적인 나라였다는 걸 알아 두렴. 나중에 조선과 여러 가지로 비교해 보는 것도 재밌을 거야. 자, 이만 돌아가자!"

"네!"

용선생은 아이들을 데리고 다시 밤거리로 나섰다. 여전히 거리 곳곳에 곱게 켜진 등불들이 집으로 돌아가는 길을 환하게 밝혀 주었다.

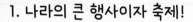

나선애의 정리노트

1. 나라의 큰 행사이자 축제!

① 연등회: 2월 보름에 열림

　　　　연등을 밝히고 복을 비는 행사

② 팔관회: 11월 보름(개경), 10월 보름(서경)에 열림

　　　　전통 신앙과 불교가 한데 어우러진 한바탕 축제

2. 고려의 종교와 문화

	불교	전통 신앙	유학
특징	• 나라에선 불교 행사를 자주 열었음 • 훌륭한 승려를 왕사, 국사로 삼음 • 일반 승려를 위한 과거 시험 실시(승과) • 절 = 일상과 엄청 밀접한 공간	• 팔관회에서 하늘의 신, 산의 신, 강의 신, 용신 등에게 제사를 올림 • 전국 각지에 산의 신을 모시는 사당이 있었음 • 마을을 지켜 주는 성황신도 믿고 의지함	• 유학에 따라 나라를 다스리는 것이 가장 좋다는 생각이 뿌리를 내리기 시작 • 과거 시험 실시로 유학이 중요해짐 • 유학을 가르치는 사립 학교가 생겨남 - 사학 12도

* 고려 문화는 다양함이 큰 특징!!

3. 벽란도

- 예성강 하류에 있는 항구. '푸른 물결의 나루'라는 뜻

- 송나라뿐만 아니라 일본, 아라비아 상인들이 드나들었음

- 외국 사신과 상인들을 위한 숙소까지 있었음

* 이렇게 외국과 교류하는 동안 '고려'라는 이름이 세계에 알려짐

의천, 송나라로 유학을 떠나다

의천은 1055년에 문종 임금의 넷째 아들로 태어났어. 본명은 '왕후'이고, 어머니는 인예 왕후 이씨야. 의천의 세 형은 차례로 아버지의 뒤를 이어 순종과 선종, 숙종 임금이 되었지.

어느 날 문종 임금이 여러 아들들에게 "누가 스님이 되어 부처님을 모시며 공덕을 쌓겠는가?"라고 물었어. 이때 의천이 "제가 출가할 뜻이 있습니다"라고 대답했지. 의천은 곧 영통사라는 사찰로 가 스님이 되었어. 의천은 머리가 총명하고 배우는 것을 좋아했어. 여러 불교 경전에 통달했을 뿐만 아니라 유학도 두루 공부했지.

의천은 불교를 더욱 깊이 공부하기 위해 송나라로 유학을 가고 싶었어. 하지만 의천의 형인 선종 임금과 조정의 신하들은 반대했지. 고려 왕의 동생이 송나라로 들어가면 북쪽에 있는 거란을 자극할 우려가 있었기 때문이야.

하지만 그 무엇도 의천의 열정을 가로막을 수는 없었어. 1085년 4월에 의천은 어머니 인예 왕후에게 작별의 편지만을 남기고 두 명의 제자와 함께 몰래 송나라 상인의 배를 타고 송나라로 떠났어. 뒤늦게 이 사실을 안 선종 임금은 신하를 시켜 송나라 상인의 배를 뒤쫓게 하였지만 결국 따라잡지는 못했지.

의천이 송나라에 도착하자 송나라 황제는 고려 왕족의 신분에 걸맞게 대접해 주었어. 의천은 오늘날 중국 장쑤성 일대의 사찰을 다니며 정원, 회련, 택기, 혜림, 종간 등 50여 명의 스님들과 교류했어. 1년 2개월 동안 의천은 송나라에서 불교 여러 종파의 교리를 연구했고 3,000여 권의 불교 서적을 수집했어.

선종 임금이 송나라로 글을 보내 의천의 귀국을 요청하자, 1086년 6월에 의천은 송나라 유학 생활을 마치고 고려로 돌아왔어. 고려로 돌아온 의천은 송나라, 요나라, 일본 등지에서 수집한 불교 서적들을 모아 정리했어. 이걸 '교장'이라 불러. 그리고 천태종을 개창하여 여러 종파로 갈라진 불교를 통합하려 노력했지. 또 숙종 임금에게 화폐를 만들자고 건의했어. 이렇게 해서 해동통보라는 화폐를 만들어 실제로 사용하기도 했어. 1101년에 의천이 47세의 나이로 세상을 떠나자 '대각 국사'라는 시호가 내려졌어. 대각 국사란 '큰 깨달음을 얻은 나라의 스승'이란 뜻이야.

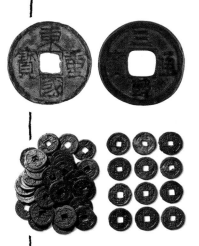

고려의 다양한 화폐
고려에서는 여러 화폐가 만들어져서 개경의 귀족이나 상인들을 중심으로 쓰였어. 그렇지만 일반 백성들은 화폐보다는 곡식이나 옷감을 돈처럼 사용했어.

 COMMENTS

🙂 왕수재 : 스님이 왜 화폐를 만들자고 했을까요?

↳ 🐸 용선생 : 당시에는 곡식과 옷감이 화폐 구실을 했어. 그러다 보니 운반하거나 보관하는 데 어려움이 많았지. 또 이익에 눈이 먼 사람들이 쌀에 흙을 섞거나 옷감의 질을 떨어뜨려 문제가 되었어. 구리로 만든 화폐를 쓰면 곡식과 옷감이 부족해지지도 않고 질이 나빠질 염려도 없으니 백성들 삶이 안정되겠지?

한국사 퀴즈 달인을 찾아라!

달인을 찾아라!

출발!

01 ★☆☆☆☆

오늘은 고려에서 가장 중요한 행사들에 대해 배웠어. 태조 왕건이 매년 꼭 열라고 했던 이 행사들을 뭐라고 불렀더라? (   )

① 연등굿, 팔관회　　② 연등회, 팔관회
③ 연등회, 팔관법　　④ 연등굿, 팔관법

02 ★☆☆☆☆

고려는 여러 종교와 학문이 어우러지면서 다양한 문화가 발전한 나라였어. 다음 중 고려의 종교와 학문이 아닌 것은 무엇일까?
(   )

① 불교　　　　　② 전통 신앙
③ 기독교　　　　④ 유학

03 ★★☆☆☆

여러 나라들과 교류를 하면서 고려란 이름도 세계에 조금씩 알려지게 되었다고 했지? 그렇다면 다음 중 고려랑 아무런 상관이 없는 나라 사람은 누구일까? (   )

① 송나라 사람　　　② 거란 사람
③ 아라비아 사람　　④ 미국 사람

04 ★★★★★

장하다가 다음 주제에 대해 발표를 하려고 해. 발표에서 들을 수 없는 내용은 무엇일까? (   )

발표 주제: 고려의 불교

---

① 일반 승려들을 위한 과거 시험, 승과

② 연등회와 팔관회를 금지시킨 태조

③ 물건을 사고파는 시장 역할을 한 절

④ 국왕에게 나랏일을 조언하던 왕사와 국사

달인 트로피

05 ★★★★☆

아이들이 고려의 전통 신앙에 대해 이야기를 나누고 있어. 근데 오늘 수업이 너무 어려웠나 봐. 맞는 소리를 하는 아이가 딱 한 명뿐이야. 그 아이는 누구일까? (   )

① 왕건은 〈시무 28조〉에 팔관회에서 섬길 신들을 하나하나 적어 놓기도 했어. 하늘의 신, 산의 신, 강의 신, 용신이었지.

② 무슨 소리! 팔관회는 전통 신앙과 전혀 상관이 없는 행사야.

③ 그래, 나라에선 불교를 지원했기 때문에 전통 신앙을 미신이라며 처벌했어.

④ 너희들, 수업 시간에 딴짓했니? 고려에서는 전통 신앙을 적절하게 보듬었어. 지방관이 새로 오면 제일 먼저 성황당에 찾아가 제사를 올릴 정도였지.

⑤ 누나 말이 맞아! 사람들이 자주 성황당에 드나드니까, 성황당이 자연스럽게 시장의 역할을 했대.

• 정답은 253쪽에서 확인하세요!

고려의 거대 불상이 있는
파주에 가다

떠나 볼까?
용선생 현장 강의

한반도의 중서부에 위치한 파주는 고려의 수도였던 개성과 가까워서 고려와 관련된 유적이 많아. 북한과도 가까워 남북 교류를 이끌고 있는 도시이기도 해. 파주로 떠나 보자.

파주 용미리 마애이불 입상

으아! 정말 크다! 고려 시대에 만들어진 파주 용미리 마애이불 입상을 보러 갔어. 높이가 무려 17미터로, 아파트 6층 높이와 비슷해. 고려 시대에는 지방 세력이 자신들의 힘을 보여 주기 위해 이렇게 거대한 불상을 만들어 세웠대.

파주 용미리 마애이불 입상(오른쪽)과 뒷모습(왼쪽) 암벽에 몸을 새기고, 그 위에 머리와 갓을 만들어 올려 두었어! 안전을 위해 뒤로 돌아갈 수 없게 막아 놓아서 뒷모습을 직접 보긴 어려워. 전체 높이 17.4m, 보물.

○ 용미리   ○ 윤관 장군 묘   ○ 마장 호수   ○ 임진각   ○ 판문점
마이애불 입상

윤관 장군 묘

마애이불 입상에서 차로 3분 거리에 윤관 장군 묘가 있어. 윤관은 고려 시대에 여진을 물리치고 동북 9성을 세우는 데 큰 공을 세운 장군이야. 묘는 어디 있는지 정확히 알 수 없었는데, 조선 시대 영조 때 비석이 발견되어서 조성한 거래.

마장 호수

역사반에서 누가 가장 용감한지 알아보기 위해 마장 호수의 출렁다리에 갔어. 다리가 200미터가 넘을 만큼 길고, 걸을 때마다 흔들리는 바람에 심장이 콩닥콩닥 뛰었지. 그래도 파란 호수와 산을 바라보니 가슴이 뻥 뚫리는 것 같았어. 이 호수는 원래 농업용 저수지였는데, 아름다운 경치로 관광지가 되었대.

임진각 철조망 철조망에는 태극기와 함께 통일을 바라는 글이 적힌 리본들이 매달려 있어.

임진각

파주에는 6 · 25 전쟁의 상처를 되새겨 볼 수 있는 관광지들이 있어. 그중 임진각 관광지를 방문했지. 임진각에서 북쪽에 가족을 두고 온 사람들이 차례를 지내는 망배단과 북한을 바라볼 수 있는 전망대, 전쟁으로 끊어진 철교 등을 볼 수 있었어. 언젠가는 철교를 이어 남과 북을 마음대로 다닐 수 있겠지?

임진강
경의선 철교

부서진
임진강 철교

자유의 다리

망배단

**장단역
증기 기관차**
6 · 25 전쟁 중
파괴된 기관차야.
곳곳에 총탄
자국이 남아 있어.

판문점

판문점도 함께 견학했어. 판문점은 국제 연합군과 북한군이 공동으로 경비하는 구역인데, 이곳에 남과 북의 군사 분계선이 있지. 사진 속 왼쪽 건물로 들어가면 넘을 수 없던 군사 분계선도 넘어 볼 수 있어. 멀게만 느껴지던 북한 땅이 가까워지는 순간이었지.

판문각

군사 분계선

판문점 군사 분계선 견학을 위해선 사전에 신청한 뒤 신원 확인을 받아야 해. 또 모든 방문자는 신분 증명서를 지참해야 하고, 민소매나 반바지는 입을 수 없어. 미리 주의 사항을 확인하고 가자!

파주의 대표 음식은 임진강에서 잡은 참게로 끓인 매운탕이야. 바다에서 잡은 꽃게랑은 다른 맛이지! 얼큰하게 끓인 참게 매운탕은 고소하고 진한 감칠맛이 났어!

참게 매운탕

고려, 여진과 충돌하다

한반도 북쪽에는 예로부터 여진족들이 흩어져 살고 있었어. 고려는 여러 여진 부족들로부터
조공을 받으며 그들과 교류를 이어 갔지. 하지만 12세기에 들어 상황이 달라졌어.
여진 부족들이 하나둘 통합되면서 고려와 충돌하기 시작한 거야. 고려는 여진과 싸워
패배와 승리를 거듭했단다. 자, 고려와 여진 사이에 어떤 일이 있었는지 알아볼까?

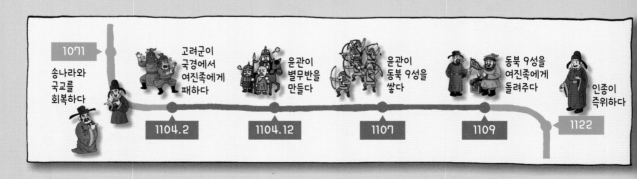

1071 송나라와 국교를 회복하다

고려군이 국경에서 여진족에게 패하다 **1104.2**

윤관이 별무반을 만들다 **1104.12**

윤관이 동북 9성을 쌓다 **1107**

동북 9성을 여진족에게 돌려주다 **1109**

인종이 즉위하다 **1122**

〈척경입비도〉

✔ 알고 있는 용어에 체크해 보자!
□ 여진족   □ 윤관   □ 별무반   □ 동북 9성

"우아! 하다가 선생님을 이겼다!"

"선생님 체력, 저질 체력!"

팔씨름에서 진 용선생은 민망한지 연신 헛기침을 해 댔다.

"어험, 험. 하다야, 우리 딱 한 판만 더 할까? 선생님이 좀 심오한 생각을 하느라 집중을 못했더니……."

"선생님! 패배를 인정하세요. 꼭 어른이 아이한테 이기라는 법 있나요? 히히!"

신이 나서 으스대는 장하다의 말에 용선생이 뭔가 생각난 듯 아이들을 둘러보았다.

"음, 그건 맞는 말이네. 세상일이라는 게 항상 변하는 법이니까. 오늘 우리가 공부할 고려와 여진족의 관계처럼 말이지."

용선생이 손을 털고 일어나 교탁으로 향하자, 아이들도 각자 제자리에 가 앉았다.

고려와 여진, 그 오랜 인연

"너희들, 여진족이라는 이름 기억하고 있니?"

"거란이랑 전쟁할 때 잠깐 나왔던 것 같은데요?"

"맞아, 수재야! 여진족은 아주 오래전, 그러니까 고구려 때에도 만주 일대와 한반도 북부 지역에 흩어져 살던 부족이야. 우리와는 아주 인연이 깊은 부족이었지. 전에 고구려 유민들과 함께 발해를 세웠던 말갈족 기억나니?"

발해 이야기에 귀가 번쩍 뜨인 장하다가 "그럼요!" 했다.

"바로 그 말갈족이 이 무렵 여진족이라고 불리게 된 거야. 고려 태조 때만 해도 여진족들이 지금의 평양 근처에까지 살고 있었대. 태조는 한편으로는 이들을 달래서 고려의 편으로 끌어들이고, 다른 한편으로는 군대를 보내 다른 마음을 먹지 못하게 하기도 했어. 고려가 후백제와 싸울 때에도 이들의 도움이 무척 컸지. 무려 9,500명의 여진족 기병들이 고려군과 함께 싸웠거든."

"선생님, 그럼 고려의 부하나 마찬가지네요?"

곽두기의 물음에 용선생이 고개를 저었다.

"그렇게 말하기는 어려워. 여진족은 수많은 작은 부족들로 이루어져 있었어. 그중에는 팔관회에서 봤듯이 고려를 받들며 조공을 바치는 부족들도 있었지만, 그렇지 않고 고려와 대립하며 자주 약

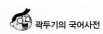 **곽두기의 국어사전**

조공(朝貢)
'조(朝)'는 조정의 황제나 왕을 알현하는 것, '공(貢)'은 토산물을 바치는 것을 말해.

탈을 하는 부족들도 있었어. 이렇게 고려와 사이가 좋지 않은 부족들 중에는 거란에 조공을 바치는 이들이 있는가 하면, 어느 나라도 섬기지 않고 자신들끼리만 똘똘 뭉치려는 이들도 있었지. 물론 고려가 거란의 공격을 잘 막아 낸 뒤로는 거란과 가깝게 지내던 부족들도 고려 쪽으로 많이 기울었어. 거란에서 준 벼슬을 버리고 고려의 벼슬을 받겠다고 오는 사람들도 있었고, 자기들의 마을을 고려에 속하게 해 달라고 부탁하며 오는 일이 많아졌지. 고려도 이들의 청을 받아들이고 잘 대해 주었지."

"고려와 사이좋게 지내는 부족들이 점점 많아지고 있었던 거네요?"

"그래, 100여 년간 고려는 평화로운 시대를 누리고 있었지. 그런데 여진에서 변화가 생기면서 분위기가 확 바뀌었어"

"왜요?"

아이들의 얼굴에 궁금증이 떠올랐다.

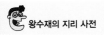

왕수재의 지리 사전

완옌부
만주 쑹화강,
아무르강
일대에 살았던
여진 부족이야.
완안부라고
부르기도 해.

완옌부의 성장과 고려의 불안

"11세기 말, 여진족들 사이에 큰 변화가 일어났어. 거란의 영향력 아래 있던 '완옌부'라는 부족이 갑자기 세력을 키우기 시작한 거야. 완옌부는 주변의 여진 부족들을 하나씩 제압하더니 어느새 두만강 남쪽의 여진 부족들에게까지 손길을 뻗치게 되었어."

"두만강 남쪽이면…… 바로 코앞이 고려 땅이잖아요?"

나선애의 말에 용선생이 고개를 크게 끄덕였다.

"그렇지. 한반도 동북부를 배경으로 완옌부와 고려가 힘을 겨루기 시작한 거야. 양쪽이 처음 부딪친 것은 1104년의 일이었어. 완옌부의 군대가 반대파 부족을 쫓다가 고려의

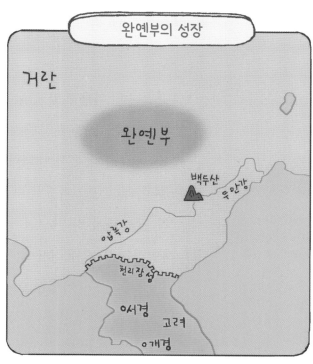

국경까지 오게 된 거야. 그러자 조정에서는 군대를 보내 방비를 하게 했어."

"잘했다! 처음부터 세게 나가야 함부로 굴지 못하죠! 그래서 거란을 이긴 고려의 힘을 보여 줬겠죠?"

장하다가 서두르고 나섰지만 용선생은 손을 내저었다.

"하다야, 고려가 거란군을 물리쳤던 것은 11세기 초였고, 이때는 12세기 초였어. 거의 100년이 지난 뒤였던 거야. 생각해 봐, 오랫동안 큰 전쟁을 치르지 않은 고려와, 부족 간에 치열한 전투를 거듭하고 있던 완옌부가 맞붙으면 누가 더 잘 싸웠겠니?"

용선생의 말에 장하다의 표정이 멍해졌다.

"아니 그건……."

"고려군은 완옌부의 군사들을 섣불리 공격했다가 크게 패하고 말았어. 게다가 완옌부 군대는 기세를 몰아 고려의 성을 약탈하기까지 했어. 예상하지 못한 결과에 고려는 적잖이 충격을 받았어. 그동안 한 수 아래라고만 여겼던 여진에게 맥없이 당하고 말았으니까."

"꼭 팔씨름에 진 선생님처럼 말이죠?"

허영심의 말에 용선생이 괜히 다시 헛기침을 했다.

"어험, 험…… 어쨌건 조정에서는 깜짝 놀라긴 했지만, 그저 한 번의 패배라고 생각했던 것 같아. 그래서 다시 완옌부를 공격하기로 했지. 숙종은 자신이 특별히 신임하는 신하인 윤관에게 완옌부를 치도록 했어. 윤관은 기세 좋게 전쟁터로 나갔지. 하지만 이번에도 역시 고려군은 크게 패하고 말았어. 윤관은 많은 병사들을 잃고 겨우 돌아와 숙종에게 그 소식을 전했지. 한 번은 우연일지 몰라도, 두 번은 실력의 차이 아니겠니? 숙종은 울화통이 터졌지만 당장은 참는 수밖에 없었어."

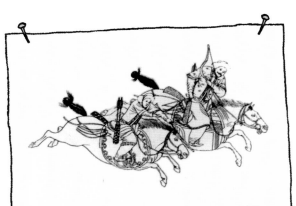

여진족 기병 말을 달리며 화살을 쏘는 여진족 기병을 그린 그림이야. 평소 사냥으로 단련된 여진족은 전쟁이 나면 곧바로 용맹한 무사가 되었어.

별무반을 키워 전쟁을 준비하다

"두 번 졌다고 포기하면 안 되죠! 삼세판은 해 봐야지요!"

장하다가 목소리를 높였다.

"숙종도 포기한 게 아니야. 그는 윤관을 불러서 도대체 왜 졌는지 물었어. 그랬더니 윤관은 이렇게 답했지.

'제가 패한 것은 적의 기병을 우리의 보병으로는 감당할 수 없었기 때문입니다.'

기병은 말을 타고 싸우는 병사, 보병은 발로 걷거나 뛰며 싸우는 병사를 가리켜. 원래도 기병은 보병보다 훨씬 전투력이 강하지만, 여진족 기병들은 특히 날래고 용맹했대."

그러자 왕수재가 고개를 크게 끄덕거렸다.

"그럼 지는 게 당연하죠! 제가 게임을 좀 해 봐서 아는데, 보병으론 절대 기병 못 이겨요."

"그럼 기병은 뭘로 이기는데?"

영심이 묻자, 수재는 당연하다는 듯 "그야 기병이지!" 했다.

"그래! 몇 달 뒤, 윤관은 숙종에게 여진족과 맞서 싸울 군대를 만들자고 건의했어. 숙종은 그 말에 따라

나도 말 타고 싶다.

기병

보병

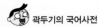

별무반(別武班)
특별히[別] 설치한
군대[武班]라는
뜻이야.

신분을 가리지 않고 전국에서 젊고 튼튼한 남자들을 뽑아 '별무반'
이라는 군대를 만들었지."

"정말 기병 부대였나요?"

"기병 부대나 보병 부대는 물론이고, 활을 쏘는 궁수 부대, 도끼
를 들고 싸우는 도끼 부대도 있었어. 크게는 기병으로 이루어진 신
기군, 보병으로 이루어진 신보군, 승려로 이루어진 항마군으로 구
성되었지. 숙종은 기존 군대와 함께 이 별무반을 훈련시키면서 다
시 한번 여진과 전투를 치를 준비를 했어."

"그런데 완옌부는 뭘 하고 있었나요? 쳐들어오기 딱 좋은 기회였
을 텐데요."

나선애가 물었다. 용선생은 나선애를 기특하게 바라보며 말했다.

"그래, 분명 선애 말대로 좋은 기회였을 거야. 하지만 완옌부 입
장에서도 고려를 전면적으로 공격하기는 좀 부담스러웠겠지. 아무
래도 아직 여진 부족들도 모두 통합하지 못한 상태였고, 또 거란도
있고 하니 말이야."

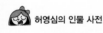

예종(1079~1122)
숙종의 맏아들로,
고려의 16대
임금이야. 학문을
좋아하여 국자감을
재정비하고
양현고라는 장학
재단을 만들기도
했어.

나선애는 그렇기도 하겠다고 생각하며 고개를 끄덕였다.

"그래서였는지, 오히려 먼저 사신을 보내 전쟁을 그만두자고 요
청했단다. 고려와 완옌부 모두 잠시 숨 고르기를 한 것이지. 그러
는 사이에 3년이라는 시간이 흘렀어. 그동안 숙종은 세상을 떠나
고, 그 아들인 예종이 왕위에 올랐지. 하지만 여진에게 진 것을 나

200

라의 수치로 여기며 꼭 다시 그들을 정벌하겠다던 숙종의 뜻은 예종에게도 이어졌어. 1107년, 마침내 예종은 여진을 치기로 했어."

"좋았어! 갚을 건 갚아 줘야죠!"

"어휴, 전쟁이 뭐가 좋다고! 일부러 먼저 싸움을 걸 필요까지 있나요?"

눈에 힘을 주는 장하다와 이해할 수 없다는 듯 고개를 젓는 허영심이었다.

"그래, 당시에도 영심이처럼 생각하는 이들이 꽤 있었어. 특히 조정의 신하들은 여진을 치는 일을 달가워하지 않았지. 전쟁에 따르기 마련인 혼란이며 희생을 걱정했기 때문일 거야."

 ## 동북의 여진을 정벌하고 9성을 짓다

"하지만 예종은 신하들의 불만스러운 눈초리를 모른 척하고 다시 윤관을 보냈어. 17만 명이나 되는 엄청난 군사들을 이끌고 북쪽 국경으로 향한 윤관은 부대를 다섯 갈래로 나누어 여진의 마을들을 공격했지. 고려의 공격을 예측하지 못했던 여진족들은 깜짝 놀라 흩어져 달아났어. 몇몇 마을에서는 맞서 싸웠지만, 단단히 준비하고 나선 고려의 대군을 막을 수는 없었어. 이때 척준경이라는 장수가 큰 공을 세웠는데, 이 이름은 나중에 다시 나올 테니 기억해 두렴. 어쨌든 고려군은 이렇게 거침없이 진격을 해서 100곳이 넘는 여진족 마을을 점령하고 수천 명의 포로를 잡아들였어. 불과 한 달도 되지 않는 기간에 말이야!"

용선생의 말에 장하다가 으하하 하고 크게 웃었다.

"그러면 그렇지! 이제 여진족들을 다 몰아낸 거죠?"

용선생은 살짝 애매한 표정을 짓는가 싶더니 고개를 끄덕였다.

"음…… 일단은 그래. 큰 승리를 거둔 윤관은 여진족을 몰아낸 지역에 함주, 영주, 웅주, 길주, 복주, 공험진, 통태진, 숭녕진, 진양진 등 여러 개의 성을 쌓고 고려 백성들을 옮겨 살도록 했어. 이곳을 보통 '동북 9성'이라고 부르지."

말을 멈춘 용선생이 지도를 펼쳤다.

"그런데 이 동북 9성의 위치가 정확히 어디였는지는 지금은 알기 어려워. 여기 두만강 일대를 중심으로 지금 우리의 국경선 북쪽인 만주 지역에도 성이 있었다는 이야기가 있고, 그보다 남쪽인 길주 일대라는 이야기, 훨씬 더 남쪽인 함흥평야 일대라는 이야기도 있지. 최근에는 함흥에서 두만강에 이르는 해안가 평야 지역을 따라서 9성이 있었다고 보는 학자들이 많아."

"왜 정확히 몰라요? 성이 다 없어지진 않았을 텐데……."

곽두기가 고개를 갸웃거렸다.

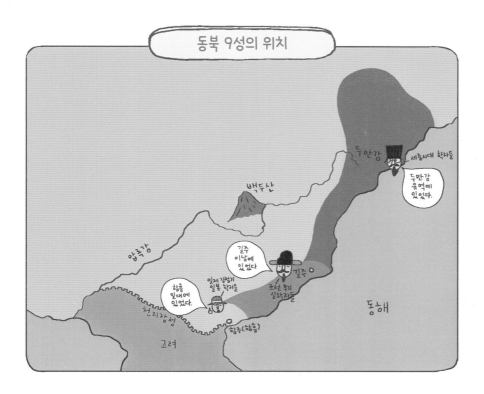

동북 9성의 위치

"그게…… 아직 발굴을 충분히 해보지도 못했지만, 자취가 별로 남아 있지 않아. 고려가 이 성들을 유지했던 기간이 너무나 짧아서 성곽의 흔적도 거의 남아 있지 않거든. 그렇게 짧은 기간 동안 쌓고 지켰던 성이니 그에 관한 기록이나 자료도 매우 적은 거지. 윤관이 이끄는 고려군은 분명히 큰 승리를 거두었어. 또 고려의 영역을 넓혔다는 점에서도 의미가 있었어. 하지만 그 성공은 오래가지 못했던 거야."

용선생의 말에 아이들의 눈이 동그래졌다.

"그게 무슨 말씀이세요?"

〈척경입비도〉 윤관이 선춘령에 '고려의 영토[高麗之境]'라 쓰인 경계비를 세우는 장면을 그린 그림이야. 그림을 자세히 보면 윤관이 장막 안에 앉아서 비석을 세우는 모습을 지켜보고 있어.

"사실, 이때 고려군이 정벌한 여진족들은 완옌부의 정예군이 아니라 예전부터 그 지역에 살고 있었던 여진 부족들이었어. 고려군은 완옌부의 군대와 겨루어 승리한 게 아니었던 거야. 고려가 여진 부족들을 공격했다는 소식을 들은 완옌부는 어떻게 해야 할지 고민했어. 대체로 끼어들지 말고 지켜보자는 이들이 많았지만, 완옌부 족장의 동생인 아구다가 나서서 고려에 보복을 해야 한다고 주장했지. 이 일을 방관하면 앞으로 다른 부족들이 완옌부의 말을 듣겠느냐는 것이었어. 결국 그의 의견이 받아들여져서, 완옌부는 직접 군대를 파견하기로 결정했단다."

그 말에 아이들이 다시 긴장하기 시작했다.

허영심의 인물 사전

아구다
(1068~1123)
'아골타'라고
부르기도 해.
아구다는 여러
부족으로 갈라진
여진족을 하나로
통합하여 1115년
금나라를 세우고
황제가 되었어.

여진 정벌이 남긴 것

"완옌부 군대는 곧 압록강을 건너 동북 9성 지역으로 진격했어. 원래 이 지역에 살다가 쫓겨난 여진 부족들도 힘을 더했지. 얼마 뒤, 고려가 세운 성 앞으로 수만의 여진 군사들이 다가왔어. 갑작스러운 여진 군사들의 출현에 고려 군사들은 당황했지. 심지어 총지휘관인 윤관이 군대를 이끌고 가다가 기습을 당해 겨우 탈출하는 일까지 벌어졌어. 다행히 척준경을 비롯한 여러 장수들의 활약으로 고려군은 일단 여진군을 물리칠 수 있었지. 그리고 윤관과 지휘 장수들은 개경으로 돌아와 승리를 보고했어. 이들은 모두 큰 상을 받았지. 아버지의 원한을 푼 셈이니, 예종도 무척 기뻤겠지?"

"엥? 끝이에요?"

허영심이 어이없다는 듯이 픽 웃으며 물었다.

"무슨 큰 위기라도 되는 것처럼 말씀하시더니요?"

아이들도 속았다는 듯이 고개를 끄덕였다.

"하지만 그걸로 문제가 다 해결된 것은 아니었어."

"휴, 물리쳤으면 된 거지 뭐가 또 문제예요?"

장하다가 안도의 숨을 내쉬며 물었다.

"고려군에게는 두 가지 큰 약점이 있었거든. 하나는 군사 수가 너무 많고 점령한 지역이 너무 넓었다는 점이고, 또 하나는 지리를 잘 몰랐다는 점이야."

"엥? 지리를 모르는 거야 그렇겠지만, 군사가 많고 땅이 넓은 게 왜 약점이에요?"

"생각해 봐, 17만의 군대가 먹고 마시고 입으려면 도대체 얼마나 많은 물자가 필요하겠니? 하루에 두 끼만 먹어도 매일 34만 명분의 음식이 필요할 거야. 또 계절이 바뀌면 군복도 바꾸어야 할 테고, 그 많은 군사들이 쓸 무기며 장비들도 있어야겠지. 그런데 농사지을 젊은 남자들을 그렇게나 많이 데려간 마당에, 그 엄청난 물자를 어떻게 계속 댈 수 있겠어?"

아이들은 그제야 이해가 되는지 고개를 끄덕였다.

"게다가 고려군은 지리를 잘 몰랐다고 했지? 넓은 지역에 흩어진 여러 성에 나뉘어 있는데, 길을 잘 모르면 어떻게 될까? 서로 연락도 쉽지 않고, 물자를 주고받는 것도 힘들었겠지. 더구나 그 지역을 훤히 꿰뚫고 있는 여진군이 여기저기서 나타나 기습을 한다면? 넓은 평야에서 딱 한 번 크게 싸워 승패를 정하는 싸움이었다면 모를까, 이렇게 험준한 지형에서 기습 공격을 받게 되면 고려군이 절대적으로 불리한 상황이었어. 더구나 여진의 군사들은 성을 포위하고 싸우는 데도 익숙했어. 길주성은 100일이 넘도록 여진 군대의 포위에 둘러싸여 위기를 겪기도 했지."

"정말 문제가 한둘이 아니었네……."

허영심이 안타까운 표정으로 중얼거렸다.

"전투가 길어질수록 고려군은 점점 지쳐 갔어. 그러자 조정에서는 차라리 동북 9성을 여진에게 내주자는 의견이 나오기 시작했어. 무리한 전쟁으로 백성들이 너무나 힘겨워하고 있다는 주장이었지. 실제로 백성들의 생활은 말이 아니었어. 전쟁이 시작된 지도 벌써 1년을 훌쩍 넘겼으니까. 조정에서는 점점 더 그 지역을 포기하자는 목소리가 힘을 얻어 갔지."

"그렇다고 기껏 싸워서 얻은 성을 그냥 내줘요?"

"그래, 그냥 내주는 것은 영 모양새가 이상하겠지? 마침 이때 완옌부에서 사신을 보내 전쟁을 끝내자고 청해 왔어. 당시 거란과 대립하고 있던 완옌부로서도 고려와의 전쟁이 길어지는 것이 부담스러웠던 거야. 완옌부는 고려에게 동북 9성을 돌려 달라고 하면서, 그 제안을 받아 주면 앞으로는 대대로 고려에 조공을 바치며 절대로 고려 땅을 공격하지 않겠다고 맹세했어. 결국 고려는 그 청을 받아들여 9성 지역을 여진에 내주고 고려의 군사와 백성들을 거두어들였어. 이렇게 해서 야심찬 여진 정벌 계획은 짧은 성공을 뒤로하고 막을 내렸지."

"끝이 너무 싱겁네."

"아, 계속 지켜야지 왜 돌려주냐? 돌려줄 거면 처음부터 왜 성을 쌓아?"

"돌려줄 만했네 뭐. 억지로 그 성들을 지키다가 나라가 엉망이 되게?"

분분한 아이들 속에서 곽두기가 용선생을 불렀다.

"선생님, 그 뒤에 여진은 정말 그 맹세를 잘 지켰나요?"

아이들의 시선이 다시 용선생을 향했다.

"반은 지켰고 반은 안 지켰다고 볼 수 있어. 몇 년 뒤, 완옌부의 아구다는 금나라를 세웠어. 금나라는 거란을 멸망시키더니, 연이어 송나라 수도까지 함락시켰어. 송나라 조정은 남쪽으로 도망쳐 다시 나라를 세웠는데, 이를 '남송'이라고 불러. 이제 동북아시아의 국제 질서가 크게 바뀌게 된 거야. 고려와 여진의 전쟁은 그 변화의 시작이었던 셈이고. 그런데 이렇게 무시무시한 기세로 주변 나라를 휩쓴 금나라였지만, 고려에는 다시 싸움을 걸지 않았어."

"오, 그럼 약속을 지켰군요?"

"하지만 대대로 고려에 조공을 바치겠다는 약속은 지키지 않았어. 오히려 자신들에게 조공을 바치고 윗나라로 모시라고 요구를 했지. 그 이야기는 다음 시간에 해 줄게. 자, 오늘 수업은 여기까지다!"

수업을 마친 용선생은 가방을 들고 나서는 장하다를 다급하게 불러 세웠다.

"하다야, 우리 팔씨름 딱 한 판만 더 하자! 아까는 선생님이 정말

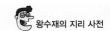

왕수재의 지리 사전

남송(1127~1279)
1126년 금나라는 송나라 수도 개봉을 점령하고 황제를 잡아갔어. 이때 송나라 황제의 동생이 남쪽 지방으로 도망가서 송나라를 재건했어.

딴 생각을 하느라고 그랬단 말이야. 이번엔 제대로 한번……."

"이기면 본전, 지면 손해인데 제가 왜 하겠어요? 선생님, 안녕히
계세요!"

용선생이 "하다야~ 하다야~" 하며 몇 번을 불렀지만, 장하다는
못 들은 척 꾸벅 인사를 하고는 얼른 교실을 빠져나갔다.

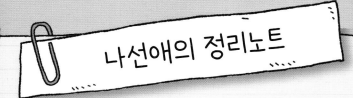

나선애의 정리노트

1. 여진족이란?

① 고구려 유민과 함께 발해를 세웠던 말갈족의 후예

② 만주와 한반도 북부 지역에 여러 부족으로 흩어져 생활

　→ 11세기 말에 완옌부가 여진족을 통일하기 시작!

2. 윤관의 여진 정벌

- 별무반을 조직 → 여진족을 몰아내고 동북 9성을 쌓음

* 별무반은?

신기군	신보군	항마군
기병	보병	승려

→ * '악마를 항복시키는 군대'라는 뜻

3. 동북 9성을 여진족에게 돌려준 이유

① 군사 수가 너무 많고 점령한 지역이 너무 넓었음: 엄청난 물자가 필요했음

　　　　　　　　　　　　　　　　백성들의 부담 ↑

② 지리를 잘 몰랐음: 서로 연락하기 어렵고 물자를 주고받기도 힘듦

서긍과 《고려도경》, 그리고 기록의 중요성

'옛 역사책에 고려의 풍속이 깨끗하다 하더니, 지금도 그렇다. …… 아침에 일어나면 먼저 목욕을 하고 문을 나서며, 여름에는 날마다 두 번씩 목욕을 하는데 시내 가운데서 많이 한다.'

'백성들은 해산물을 많이 먹는데, 주로 미꾸라지·전복·조개·왕새우·굴 같은 것을 먹는다.'

'여자의 옷은 흰 모시 노랑 치마인데, 왕실로부터 백성까지 구별이 없다고 한다.'

참 사소한 이야기들이지? 먹고, 입고, 씻는 것 같은 일들은 일상적으로 하는 것이니까 말이야. 아마 너희들도 지난 일주일 동안 무슨 반찬을 먹었고, 무슨 옷을 입었는지 잘 기억이 나지 않을걸?

그런데 말이야, 낯선 동네나 외국으로 여행을 가 보면 어떠니? 사람들의 행동 하나하나가 신기하고 기억에 남지 않니? 부지런한 친구들이라면 보고 들은 것들을 열심히 공책에 적어 두겠지? 아득한 옛날이었던 고려 시대에도 이런 사람이 있었어. '서긍'이라는 송나라 사람이었지.

서긍은 글을 잘 짓고 그림을 잘 그리기로 유명했어. 그는 1123년 송나라 사신단의 일행으로 고려에 오게 됐는데, 한 달 동안 개경에 머무르며 보고 들은 내용들을 꼼꼼히 적고 그림을 그려서 《고려도경》을 완성했지. 송나라로 돌아간 서긍은 이 책을 황제에게 바쳤어. 황제는 서긍을 크게 칭찬하고 높은 벼슬을 내렸지. 이때도 다른 나라에 대한 정보가 무척 중요했거든. 또 이 책은 '고려'라는 외국의 모습을 잘 담고 있어서 많은 사람들의 관심을 끌었어. 하지만 만약 고려 사람들이 이 책을 보았다면 시시하다고 생각했을지도 몰라. 자기들은 매일 보고 쓰는 것이고, 또 잘못 기록된 부분도 있었을 테니까 말이야. 그런데 왜 서긍이 쓴 《고려도경》 얘기를 하냐고?

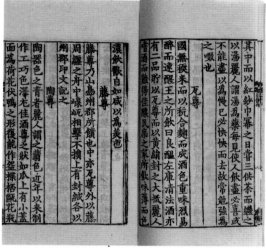

서긍의 《고려도경》
송나라 사람 서긍이 고려에서 자신이 직접 보거나 조사한 내용을 글과 그림으로 기록한 거야. 그런데 여러 차례 전쟁을 거치면서 그림은 전부 없어지고 말았어.

지금 우리는 고려 시대의 모습을 잘 알 수가 없어. 사람들이 어떤 옷을 입고, 어떤 집에 살고, 뭘 먹었는지를. 그러니까 '아주 일상적이고 평범한' 내용을 알기가 정말 어려운 거야. 그런 내용을 담고 있는 기록은 거의 없기 때문이지. 그래서 비록 외국인이 지은 책이고 잘못된 내용이 있음에도 불구하고 《고려도경》이 중요하고, 이 책을 남긴 서긍에게 감사하게 되는 거지.

 COMMENTS

곽두기 : 와! 제가 쓰는 일기도 나중에 한국인에 대한 좋은 자료가 될 수 있겠네요.

↳ 장하다 : 그러게? 그럼 나도 오늘부터 일기를 디테일하게 써야겠다.

한국사 퀴즈 달인을 찾아라!

02 ★★☆☆☆

별무반을 이끌고 여진족을 정벌한 후, 동북9성을 쌓은 장군의 이름이 뭐였더라? (   )

① 윤휴   ② 윤증

③ 윤관   ④ 윤곽

03 ★★★☆☆

별무반은 특별히 여진족을 상대하기 위해 만든 군대라는 거, 기억하지? 그런데 기병과 보병 말고도 어떤 특수한 사람들이 이 별무반에 속해 있었어. 그 사람들은 누구일까? (   )

① 노비   ② 승려

③ 여성   ④ 왕족

01 ★★☆☆☆

두기가 설명하는 이 '민족'은 어떤 민족일까?
(   )

>  우리랑 아주 가까웠던 민족이야. 고구려 유민들과 함께 발해라는 나라를 세웠고, 고려가 후백제와 싸울 때 도움을 주기도 했어.

① 몽골   ② 여진

③ 돌궐   ④ 거란

05 ★★★★☆

영심이가 오늘 배운 내용 중 중요한 사건들을 카드로 만들었어. 그런데 문제는 사건이 일어난 순서를 안 적었다는 거야. 어떻게 하면 사건들을 일어난 순서대로 배치할 수 있을까? 절망에 빠진 영심이를 도와줘! (   )

> (가) 동북 9성을 설치하다
> (나) 별무반을 만들다
> (다) 북송이 망하고 남송이 세워지다
> (라) 여진족이 금나라를 세우다

① (가) – (나) – (다) – (라)
② (나) – (가) – (라) – (다)
③ (나) – (가) – (다) – (라)
④ (다) – (가) – (나) – (라)
⑤ (라) – (다) – (나) – (가)

04 ★★★★★

다음은 고려의 어느 지역에 대한 설명이야. 고려가 훗날 이 지역을 포기한 이유로 옳지 않은 것은 무엇일까? (   )

> 윤관이 여진족을 몰아내고 함주, 영주, 웅주, 길주, 복주, 공험진, 통태진, 숭녕진, 진양진 등 여러 성을 쌓고 백성들이 살도록 했어.

① 무리한 전쟁으로 백성들이 지쳤다.

② 거란족이 나타나 기습 공격을 하기도 했다.

③ 지역이 너무 넓고 지리를 잘 몰라 관리하기 어려웠다.

④ 많은 군사들에게 필요한 음식과 의복, 무기를 대는 일이 벅찼다.

달인 트로피

• 정답은 253쪽에서 확인하세요!

7교시

고려를 뒤흔든 두 번의 반란

여진과의 전쟁이 끝난 뒤, 고려 조정은 두 번이나 연이어
큰 위기를 맞게 되었어. 이자겸과 묘청의 반란 때문이야.
이자겸과 묘청은 왜 이런 사건을 일으켰을까?
인종이 다스리던 고려에는 무슨 일이 일어나고 있었을까?

| 1109 | | 1122 | | 1126 | | 1135 | | 1145 | | 1170 |

동북 9성을
여진족에게
돌려주다

인종이
즉위하다

이자겸이
난을
일으키다

묘청이
난을
일으키다

김부식이
《삼국사기》를
편찬하다

무신들이 난을
일으키다

인종 시책

"어휴, 비린내!"

교실에 들어서던 허영심이 코를 찡그렸다. 하지만 장하다는 입맛을 쩝쩝 다셨다.

"오잉? 짭조름한 굴비가 공중에 매달려 있네. 저거 구워 먹으면 진짜 맛있는데!"

"오, 하다가 굴비 맛을 좀 아는구나. 그러면 왜 소금에 절여서 말린 조기를 굴비라고 하는지도 아니?"

장하다는 "제가 알 턱이 있나요?" 하며 머리를 긁적였다. 하다뿐 아니라 다들 모르는 눈치였다.

"전해 오는 얘기로는, 고려의 세력가였던 이자겸이 붙인 이름이라고 해. 그가 영광으로 귀양을 갔다가 말린 조기를 맛보게 되었는데, 그 맛이 하도 좋아서 개경에 있는 왕에게 바쳤다지. 이때 그는 왕에게 조기를 바치긴 하지만, 자기가 비굴해서 그런 건 아니란 뜻으로 이 조기에 '굴비(屈非)'라는 이름을 붙였다는 거야."

"그 얘기가 사실이면 참 당돌한 사람이네요. 왕에게 비굴하지 않겠다고 하다니…… 뭔가 수상한 냄새가 나는데요."

왕수재의 말에 용선생이 반색을 했다.

"오! 수재는 역시 예리한 데가 있다니까! 사실 이 이야기는 어디에서 유래했는지 알 수 없어. 정말 그랬는지도 확실하지 않지. 하지만 고려 때 이자겸이라는 사람이 영광으로 귀양을 갔던 것만은 사실이야! 그럼, 지금부터 이야기를 본격적으로 시작해 볼까나?"

어린 왕 인종과 외할아버지 이자겸

"지난 시간에 고려의 여진 정벌에 대해 이야기했지? 여진에 동북 9성을 내준 것으로 전쟁은 끝났지만, 고려는 쉽게 안정을 찾지 못했어. 몇 년 동안이나 병사들을 기르고 전쟁을 치르는 데 온 힘을 쏟느라 나라에서는 백성들의 생활을 돌보지 못했거든. 젊은이들이 전쟁터에 끌려가 있어서 농사도 제대로 지을 수가 없었지. 그러니

살기 힘든 나머지 고향에서 도망쳐 버리는 사람들이 우르르 쏟아져 나오는 지경이었지.”

“응? 고려에서는 자기 마을을 떠날 수 없었다고 하셨잖아요.”

나선애가 전에 배운 내용을 떠올렸다.

“그래, 그런데도 ‘열 집 가운데 아홉 집이 비었다’는 말이 나올 정도였다니 백성들의 고통이 정말 심각했던 거지. 그런가 하면 여진족이 세운 금나라가 거란을 멸망시키고 송나라 수도까지 쳐들어가자, 고려 사람들의 마음속에는 앞날에 대한 불안감도 크게 자라났어. 예종의 뒤를 이어 그 아들 인종이 열네 살의 나이에 왕위에 오른 것은 바로 이런 시기였어.”

“나라 상황도 안 좋은데 왕이 너무 어리네요.”

“그러게. 누가 또 왕위를 탐내지나 않았나 몰라.”

이자연 묘지명 문종 임금의 장인이면서 순종, 선종, 숙종 임금의 외할아버지였던 이자연(1003~1061)의 묘지명이야. 이자연은 세 명의 딸을 문종에게 시집보냈어. 이 딸들 중 한 명인 인예 태후가 순종, 선종, 숙종 임금을 낳았지. 이렇게 이자연은 고려 왕실과의 결혼으로 권세를 누릴 수 있었어. 이 이자연의 손자가 바로 이자겸이야.

허영심과 나선애가 주고받는 말이었다.

“그럴 만도 한 상황이었지. 하지만 인종에게는 뒤를 확실히 지켜 주는 외할아버지가 있었어. 바로 이자겸이었지. 이자겸은 당시 최고의 문벌이었던 경원 이씨 집안을 대표하는 인물이었어. 그의 집안은 여러 대에 걸쳐 왕실과 줄줄이 혼인을 맺으며 대단한 위세를 떨치고 있었지. 대대로

왕실에 시집간 경원 이씨 여자만 9명
에, 재상을 지낸 사람은 20명이
나 되었거든. 이런 집안의
힘을 배경으로 자신의
둘째 딸을 예종과
혼인시킨 이자
겸은 외손자인
인종이 무사히
왕위에 오르도
록 도와주었어."

"아, 그럼 인종은 걱정 없었겠네요!"

영심이 반가운 목소리로 말했지만, 용선생의 표정은 시원치 않았다.

"음…… 더 들어 보렴. 외손자가 왕위에 오르자 이자겸은 자신에
게 위협이 될 만한 경쟁자들을 제거해 나갔어. 인종의 삼촌들은 멀
리 유배를 보냈고, 자신의 세력과 경쟁하던 조정의 여러 신하들도
관직에서 쫓아내거나 귀양을 보냈지. 심지어는 목숨을 빼앗기도
했어. 그리고 자신의 아들들이나 자기편을 드는 사람들에겐 높은
관직을 나누어 주었어."

"자기 사람들을 채워 넣으려고 한 거로군요!"

나선애가 고개를 짤짤 흔들며 말했다.

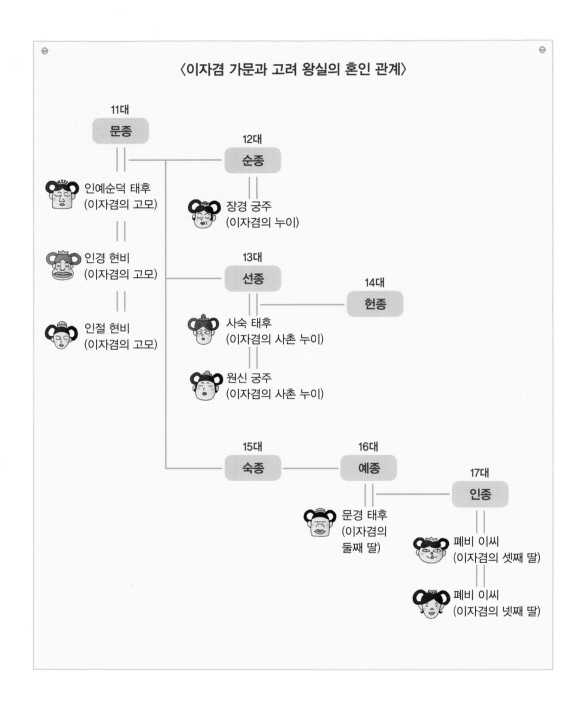

〈이자겸 가문과 고려 왕실의 혼인 관계〉

11대
문종

12대
순종

인예순덕 태후
(이자겸의 고모)

장경 궁주
(이자겸의 누이)

인경 현비
(이자겸의 고모)

13대
선종

14대
헌종

인절 현비
(이자겸의 고모)

사숙 태후
(이자겸의 사촌 누이)

원신 궁주
(이자겸의 사촌 누이)

15대
숙종

16대
예종

17대
인종

문경 태후
(이자겸의
둘째 딸)

폐비 이씨
(이자겸의 셋째 딸)

폐비 이씨
(이자겸의 넷째 딸)

"그래. 그뿐이 아니었어. 이자겸은 자기 딸을 국왕과 결혼시켰기 때문에 지위가 높아졌고, 외손자가 새 국왕이 되어서 더 큰 권력을 누릴 수 있었다고 했지? 자, 그렇다면 이자겸은 이제 무슨 일을 걱정했을까?"

아이들은 선뜻 대꾸하지 못하고 서로 멀뚱멀뚱 쳐다보기만 했다.

"만약 인종이 결혼을 해서 장인이 생기면 어떻게 될까?"

"아하! 그렇군요! '제2의 이자겸'이 나올 수 있었겠군요! 자기가 그런 방법으로 권력을 잡았으니, 당연히 걱정되었겠죠!"

"그렇지! 이자겸은 이런 문제가 발생할 싹을 아예 잘랐어."

"결혼을 안 시켰나요?"

"어떻게 왕이 결혼을 안 해! 자기랑 친한 사람의 딸과 결혼시키면 되잖아."

아이들의 말에 용선생이 고개를 저었다.

"이자겸은 말이다……. 자기 딸을 인종과 결혼시켰어. 그것도 두 명이나."

"아, 그렇게 쉬운 방법이 있었군요!"

장하다가 별 생각 없이 고개를 끄덕이는데 허영심은 "말도 안 돼!" 하며 손을 입에 가져다 댔다.

"힉! 이자겸의 딸이면 인종의 이모인데요? 그럼 인종은 이모랑 결혼한 거예요?"

"좀 그렇지? 옛날 왕실에서는 순수한 혈통을 위해 친척과 결혼하는 일이 종종 있긴 했어. 하지만 이렇게 이모와 조카가 결혼을 하는 일은 흔치 않았지. 그만큼 이자겸이 권력에 집착을 했던 것이라고 볼 수 있겠지. 국왕의 외할아버지이자 장인이 된 이자겸은 왕이나 다름없을 정도로 엄청난 위세를 부렸어. 그런 이자겸에게 잘 보이기 위해 사람들이 바친 뇌물이 그의 집 창고에 가득했대. 창고에 쌓아 놓고 다 먹지 못해 썩어 가는 고기가 수만 근이나 될 정도였다고 하지. 또 그는 하인들을 시켜 다른 사람의 땅이나 재산을 함부로 빼앗았어. 게다가 신하들이 강하게 반대하는데도 자기 마음대로 금나라를 윗나라로 모시겠다고 결정해 버렸지. 이자겸의 이러한 행동을 못마땅하게 여기는 신하들도 있었지만, 당장은 그를 막을 방법이 없었어."

"어휴, 금나라보다 이자겸이 더 무서운데요."

"고려 사람들 진짜 심란했겠다!"

 ## 이자겸의 반란, 인종의 반격

"몇 년이 흐르도록 이자겸은 막강한 권력을 누렸어. 하지만 그러는 사이에 한 가지가 달라졌지. 소년이었던 인종이 어느덧 혈기 왕성한 18세의 청년이 되었던 거야."

"그렇다면 이제 더 이상 왕이 어리다고 외할아버지가 정치에 대신 나서기 곤란했겠는데요?"

왕수재의 말에 용선생이 고개를 끄덕였다.

"그래, 인종의 생각도 그랬어. 인종과 몇몇 신하들은 이자겸이 멋대로 권력을 휘두르는 것을 더 이상 두고 볼 수 없었어. 그래서 이자겸을 없앨 계획을 세웠지. 몰래 군사를 모아 궁궐에 있던 이자겸 편 신하들을 기습한 거야. 이 소식을 들은 이자겸은 무척 당황해서 어쩔 줄을 몰랐대."

"그렇지! 역시 먼저 공격하는 게 최고라니까요!"

장하다가 오래간만에 입을 열었다.

"그런데 이자겸 곁에는 척준경이라는 뛰어난 장수가 있었어. 척준경은 전에 여진과의 전쟁 때 많은 공을 세운 장수라고 이야기했었지? 그 뒤 그는 이자겸과 사돈을 맺고 이자겸의 편이 되어 있었어. 이자겸이 허둥대자, 척준경은 앉아서 죽을 수는 없다며 자리를 떨치고 일어났어. 그리고 수십 명의 부하들을 이끌고 궁궐로 달려가 싸우기 시작했지. 인종을 따르던 신하들이 궁궐을 방어했지만, 척준경이 아예 궁궐에 불을 놓아 버리자 별 도리가 없었어. 불을 피해 궁궐 밖으로 뛰쳐나온 신하들은 죽임을 당하거나 겨우 도망쳤어. 그리고 궁궐이 불타 버리자 인종은 이자겸의 집에 머물게 되었지. 척준경이 나선 덕분에 이자겸은 순식간에 상황을 뒤집은 거야.
이자겸과 척준경은 인종을 따랐던 신하들을 샅샅이 찾아내 보복을
했어. 이 사건을 '이자겸의 난'이라고 불러."

"궁궐에 불을 지른 것도 모자라 신하들을 죽였다고요!"

곽두기의 입이 떡 벌어졌다.

"응, 자신에게 위협이 되는 세력들을 모두 제거하려 한 거지. 그
리고 인종까지도 아예 죽일려고 했어."

"자기 외손자 아니에요?"

"그만큼 권력을 독점하고 싶었던 거야. 그래서 인종에게 독이 든
떡을 먹이려고 했어. 다행히 인종의 왕비, 그러니까 이자겸의 딸이
중간에 이를 가로막았지. 하지만 이자겸은 단념하지 않았어. 이번

에는 왕비에게 독이 든 약사발을 주며 왕에게 먹이라고 강요했어. 왕비는 실수로 넘어진 척하며 약사발을 엎질러 겨우 위기를 넘겼지.”

“진짜요? 무슨 소설책에 나오는 얘기 같네.”

눈이 동그래진 허영심이 가볍게 혀를 찼다.

“이자겸의 집에서 지내는 동안, 인종은 정말 괴로웠을 거야. 왕 노릇을 못하는 자기의 처지도 한심했을 테고, 그런 자신을 돕다가 목숨을 잃은 신하들의 모습도 눈에 선했겠지. 고려 왕조와 함께 대대로 이어져 내려온 궁궐이 불타 버리는 모습도 큰 충격을 주었을 거고. 게다가 언제 목숨마저 빼앗길지 모르는 불안한 처지였으니까. 그렇게 어려운 상황에서도 인종은 반격할 기회를 노리고 있었어. 또 그의 곁에는 적으나마 여전히 충성스러운 신하들이 남아 있었지. 인종은 그들과 어떻게 하면 이자겸을 물리칠 수 있을지 조심스레 상의를 했어. 이때 최사전이라는 신하가 좋은 아이디어를 냈지. 바로 이자겸과 척준경의 사이를 갈라놓자는 거였어!”

“에이, 그게 되겠어요? 이자겸과 척준경은 같은 배를 탄 사람들인데.”

왕수재가 시큰둥하니 고개를 저었다.

“그게, 기록에 따르면 이 무렵 척준경과 이자겸 사이에는 갈등이 생겼다고 해. 이때 인종이 몰래 사람을 보내 척준경을 달랬대. 지

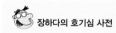
장하다의 호기심 사전

**척준경과
이자겸의 갈등**
이자겸 아들의 노비가 척준경의 노비에게 “척준경은 임금님이 계신 자리에 활을 쏘고 궁궐에 불을 질렀으니 죽어야 마땅하다”라고 한 일이 있었어. 척준경은 이 말을 듣고 단단히 화가 났지. 이자겸이 화해하고자 사람들을 보냈지만 척준경은 이자겸이 보낸 사람들을 만나 주지 않았어.

난 일은 모두 잊고, 함께 새 출발을 하자고 말이야. 결국 척준경은 이자겸에게 등을 돌리고 인종과 손을 잡기로 했지. 이로써 인종은 대역전극을 펼칠 수 있었어. 이자겸이 방심하고 있는 사이에 척준경이 군사들을 이끌고 그를 기습한 거야. 이자겸의 부하들은 척준경이 칼을 빼들고 호통을 치니 꼼짝을 못했대. 이자겸도 상황이 불리한 것을 알고는 순순히 포기했어. 그동안 이자겸에게 붙어 횡포를 부렸던 사람들도 모두 옥에 갇히거나 귀양을 갔지."

말을 멈춘 용선생이 공중에 매달아 놓은 굴비에 눈을 주었다.

"이렇게 해서 이자겸의 반란은 막을 내렸고, 영광에서 귀양살이

고려 인종 시책
인종의 무덤인 '장릉'에서 나온 유물 중 하나야. 시책은 왕이 죽은 후 그 업적을 기리기 위해 올리는 칭호(시호)에 대한 내용을 기록한 문서를 말해. 인종의 시호는 효공(孝恭)이야.

를 하던 이자겸이 인종에게 바친 조기가 굴비라는 이름을 얻게 되었다는 이야기가 전해지고 있는 거야."

고개를 끄덕이는 아이들 사이에서 나선애가 용선생을 불렀다.

"그런데, 선생님! 척준경은요? 척준경은 이자겸과 함께 나쁜 짓을 많이 했잖아요. 그런데 아무런 처벌도 받지 않는 건가요?"

"당시 사람들도 척준경이 벌을 받아야 한다고 생각했던 모양이야. 처음에는 이자겸을 물리친 공으로 높은 벼슬과 재물들을 받았어. 하지만 얼마 뒤 척준경을 처벌해야 한다는 상소가 올라오자 척준경도 멀리 귀양을 가게 됐지"

"휴우, 인종은 정말 속이 후련했겠어요. 그렇죠?"

"아마 그랬겠지. 척준경을 쫓아낸 뒤, 인종은 신하와 백성들에게 글을 내렸어. 지난 힘들었던 시기를 뒤로하고, 이제는 새 출발을 해서 좋은 정치를 펴겠다는 내용이었지."

 ## 묘청, 그는 누구인가?

"오랜 시간 동안 자신을 옭아매던 이자겸으로부터 벗어난 인종은 이제 마음껏 정치를 펼치고 싶었을 거야. 그러려면 자신에게 조언을 해 줄 현명한 사람이 필요했지. 또 백성들은 여전히, 아니 전보다 더 큰 불안감에 휩싸여 있었어. 가뜩이나 살기 힘든데 궁궐이 불길에 휩싸여 잿더미가 되어 버리는 모습을 지켜본 사람들은 이러다 나라가 망하는 건 아닌가 하는 생각이 절로 들었을 거야. 그리고 이자겸이 권력을 잡고 있을 때 금나라를 윗나라로 모시기로 결정했다고 했지? 예전에는 고려를 섬기던 여진족을 이제 거꾸로 고려가 받들어 모시게 된 것도 백성들이 받아들이기 어려운 현실이었지. 더구나 이 무렵엔 자꾸 여러 가지 자연재해가 일어나고 전염병마저 돌았어. 여러모로 뭔가 새로운 돌파구가 필요한 때였지. 그때 인종의 앞에 묘청이라는 승려가 나타났어. 묘청은 서경에서 신통한 재주가 있다고 이름을 날리던 사람이었어."

"묘청? 이름이 참 묘하네요?"

장하다가 킥킥거리자, 수재가 "네 이름도 만만치 않거든" 하고 좋알댔다.

"그런데 스님이 무슨 신통한 재주를 부린다는 건가요?"

나선애가 의심스럽다는 표정을 지었다.

"사실 묘청은 승려라고는 하지만, 그에 대해 전해지는 기록들을 보면 불교를 공부하는 보통의 승려들과는 달랐던 것 같아. 아까 묘청이 서경에서 유명했다고 했지? 묘청을 인종에게 소개한 것도 서경 출신의 신하들이었어. 세상의 이치와 각종 비법들을 알고 있어서, 그의 말에 따라 정치를 하면 모든 문제가 해결된다고 했지."

"그래서 묘청은 뭘 어떻게 하자고 했나요?"

"가장 중요한 것은 서경으로 나라의 수도를 옮기자는 거였어. 서경에 기운이 왕성한 땅이 있으니, 그곳에 궁궐을 새로 짓고 수도를 옮기면 모든 문제가 해결될 거라는 거였지. 금나라가 스스로 고려에 항복하는 것은 물론이고 주변의 수많은 나라들이 모두 고려에 복종할 거라고 했어. 또 끊이지 않던 자연재해도 말끔히 사라질 거라고 했고."

용선생의 말에 아이들은 우우 하고 야유를 보냈다.

"완전히 사이비잖아요!"

"말도 안 돼요!"

"그래, 허황되기 짝이 없는 이야기로 들릴 거야. 하지만 묘청의 주장은 나름대로 당시 사람들의 생각과 맞아떨어졌어. 당시 사람들은 좋은 기운을 가진 땅이 있고, 그 기운이 다하면 좋지 못한 일이 생긴다고 믿었어. 이런 걸 '풍수지리' 혹은 '풍수도참'이라고도 부르지. 그러니까 당시의 기준으로 보자면, 묘청과 그를 따랐던 사람들이 한 주장은 아주 황당하기만 했던 것은 아닌 거야."

"그래도 여전히 의심스러운데요. 묘청을 따르던 사람들 중에 서경 사람들이 많았다면서요? 자기들 고향을 수도로 삼으려고 한 것 아닐까요?"

왕수재의 말에 용선생은 흐뭇한 미소를 지었다.

"이야, 아주 날카로운 지적인데! 그 말대로, 의심이 가는 게 사실이야. 당시에도 그렇게 의심을 하는 사람들이 제법 있었어. 수도를 옮기자는 것은 서경 사람들이 꾸민 음모라고 말이야. 특히 개경의 조정에 있었던 많은 신하들이 의심의 눈초리를 보냈지. 묘청도 서경에서 활동하던 사람이고, 그를 지지했던 정지상 같은 이도 서경 사람이었거든. 정지상은 바로 앞에서 말했던 '척준경을 처벌해야 한다'라는 상소를 올렸던 신하였어. 그런 사람도 묘청을 추천했으니, 인종도 귀를 기울였겠지? 하지만 서경 출신 신하들만 묘청을 따랐던 것은 아니야. 서경 출신이 아닌 신하들도 묘청을 믿었다는 기록이 있는 걸 보면, 뭔가 재주가 있기는 했던 모양이야. 말을

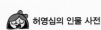

곽두기의 국어사전

풍수도참
풍수지리설과 도참을 합쳐 풍수도참이라고 불러. 도참은 미래에 대한 신비한 예언을 믿는 사상을 의미해.

허영심의 인물 사전

정지상(?~1135)
고려 시대 뛰어난 문장가로, 서경 출신이야. 그의 문장이 뛰어난 것을 시기 질투한 김부식이 묘청의 난에 가담했다는 것을 구실로 살해했다는 얘기가 전해지고 있어.

무척 잘했든가 말이지. 중요한 점은, 묘청이 수도를 옮기면 금나라가 고려를 섬기게 될 것이라고 주장했다는 사실이야. 여진족이 세운 금나라에 고개를 숙여야 한다는 사실은 고려인들의 자존심을 퍽 상하게 했거든. 더구나 이자겸이 주도한 일이었으니 다시 바로잡아야 한다는 생각이 널리 퍼져 있었어. 그러니까 묘청은 당시 사람들이 무엇을 원하는지 잘 알고 있었던 거야."

"인종은 묘청 말대로 했나요?"

나선애가 물었다.

"묘청이 하자고 하는 일들 중에 몇몇은 받아들였고, 몇몇은 받아들이지 않았어. 아마 묘청이 하는 말을 조금씩 들어주면서 정말 효과가 있는지 살펴보려 했던 것 같아. 인종은 일단 묘청의 건의에 따라 서경에 궁궐을 짓고, 직접 행차를 하기도 했어. 하지만 그래도 여전히 자연재해가 일어났어. 늦은 봄에 난데없이 눈과 서리가 내리고, 심한 가뭄까지 들어 백성들의 피해가 컸지. 그러자 상황을 불안하게 지켜보던 김부식 등 많은 조정 신하들은 서경 천도를 강하게 반대하고 나섰어. 서경이 좋은 땅이라면 그렇게 자연재해가 날 리 없다는 거지. 인종도 묘청을 조금씩 멀리하기 시작했어."

대화궁의 용머리 모양 잡상 묘청의 건의에 따라 세워진 대화궁 궁궐터에서 출토된 용머리 모양의 잡상이야.

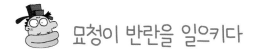

묘청이 반란을 일으키다

"휴, 다행이다. 꼭 사기꾼 같아서 불안했는데."

"하지만 묘청이 과연 그쯤에서 물러섰을까?"

용선생의 말에 영심이 고개를 갸웃거렸다.

"인종이 묘청을 멀리했다면서요?"

"그랬지. 그런데 바로 그 이유 때문에, 묘청과 그를 따르던 이들은 큰 위기감을 느끼게 되었어. 궁지에 몰린 이들은 결국 엄청난 사건을 일으키고 말지! 이름 하여 '묘청의 난!' 요즘에는 '서경 천도 운동'으로 부르기도 하지. 어쨌든 이들은 자신들의 근거지인 서경에서 반란을 일으키고 만 거야!"

"'묘청의 난'과 '서경 천도 운동'은 많이 다른 내용 같은데. '난'은 왠지 나쁜 말 같고, '운동'은 좋은 말 같은데요?"

"그래 맞아. 그만큼 이 사건에 대해 평가가 엇갈린다는 말인데, 이 일에 대한 평가는 잠시 후에 생각해 보고. 우선 반란이 어떻게 진행됐는지부터 얘기해 줄게. 묘청은 새로운 나라를 세워 '대위'라 이름 붙이고, 개경에 이 사실을 알렸어."

아이들은 "헉!" 하고 숨을 내쉬었다.

"서경에서 일어난 반란은 조정에 큰 충격이었어. 혹시 반란군이 북쪽의 다른 성들과 힘을 합치기라도 하면 정말 일이 크게 번질 수

있었어. 가장 먼저 나선 것은 김부식이었어.

김부식은 일단 정지상 등 조정에 있던 서경 신하들부터 몰아냈어.
묘청이 일으킨 반란과 직접 연결된 이들은 아니었지만, 김부식은
이참에 묘청을 따랐던 사람들을 아예 눌러 버리려 했던 거야."

"인종은요?"

"인종은 처음엔 묘청을 달래 반란군으로부터 항복을 받아 내려
했어. 하지만 신하들과 의논한 끝에 용서 없이 반란군을 진압하는
쪽으로 돌아섰지. 인종은 김부식에게 군사들을 주어 서경으로 내
려보냈어. 김부식이 이끄는 진압군은 신속하게 서경 주변의 성들
이 반란군과 손을 잡지 못하도록 조치를 취하고 서경을 포위했어.
그러자 궁지에 몰린 반란군은 모든 책임을 묘청에게 돌리려고 했

어. 그들은 묘청을 죽인 후에 조정과 화해를 하고자 했지."

용선생의 말에 아이들은 다시 한번 "헉!" 했다.

"하지만 조정에서는 그들의 제안을 거절했어. 한번 반란을 일으킨 자들을 용서할 수는 없다는 것이었지. 그러자 반란군은 무려 1년 동안이나 성문을 닫아걸고 버텼어. 그들이 이토록 오래 버틸 수 있던 것은 김부식이 무리하게 공격하지 않고 반란군의 힘이 빠지기를 기다렸기 때문이기도 했지. 결국 반란군의 식량이 바닥나고 사기가 떨어지자, 김부식은 이때를 놓치지 않고 공격해 성을 함락시켰어. 이렇게 '묘청의 난'은 끝을 맞이했지."

반란이 끝났다는 말에 아이들도 긴장을 풀고 숨을 돌렸다.

"오늘 수업은 참 사건 사고가 끊이질 않네요."

왕수재가 연필을 탁 내려놓으며 말했다.

"아까 묘청의 난에 대해서 다른 평가들도 있다고 하셨잖아요?"

곽두기가 고개를 갸웃하며 물었다.

"그렇지. 묘청의 난은 그 이후 조선에서도 그저 반란 중에 하나로만 평가받았었어. 하지만 100여 년 전에 활동한 역사학자 신채호는 전혀 다르게 평가했단다. 묘청은 우리 고유의 사상을 가지고 있었고, 대외 관계에 있어서도 자주적인 성격이 강했는데, 김부식과 다른 귀족들은 그 반대였다는 거지. 결국 김부식이 승리하면서 그 이후 우리의 역사가 보수적이고 사대적인 유교에 갇혀 버렸다는 평가였어."

"전혀 다르게 보는군요. 저는 어떻게 봐도 그냥 반란군 같은데."

"아마도 역사학자 자신이 처한 상황이 반영된 것이라고 봐야겠지."

"그건 또 무슨 말이에요?"

"신채호라는 역사학자는 100여 년 전에 활동했다고 했잖니. 그러면 그때는 어떤 시기였을까?"

"100여 년 전이면 일본이 우리나라를 침략하고 있을 때 아닌가요?"

왕수재가 머뭇거리고 있는 동안 나선애가 손을 들어 대답했다.

"그렇단다. 신채호는 우리나라가 어려움을 겪고 있을 때, 우리나라가 원래부터 강한 나라에 휘둘리는 나라가 아니고, 자주성을 가지고 있는 나라이다 이렇게 말하고 싶었을 거야. 그래서 좀 허황되게 보이더라도 스스로 황제국임을 내세우고 다른 나라에 강하게 대응하는 모습을 강조했던 거야. 그러니 묘청의 난에 대한 지금의 평가와 다를 수밖에 없겠지?"

 ## 인종에게 남겨진 과제

"이후에 인종은 어떻게 됐나요? 사건 사고가 많아서 정신 없었을 것 같은데."

금나라 사람들이 함경도 경원에 세운 비
1156년(의종 10년)경에 세워진 비로 추정되는데, 여진 문자로 만들어진 비석 가운데 가장 오래되었다고 해. 오롱초사라는 절을 건립하는 과정을 기록하고 있어.

"혼란스러운 고려를 다시 안정시키기 위해서 노력했지. 우선 금나라와의 관계를 안정시켰어. 언제까지나 옛날 생각만 하면서 어깨에 힘을 주고 있을 수는 없다고 판단한 거야. 이때 금나라와 대립하고 있던 송나라는 고려를 끌어들여 자기네 편을 들도록 해 보려 했지만, 인종은 냉정하게 선을 그었지. 덕분에 고려는 금나라와 평화로운 관계를 유지할 수 있었어."

"뭐, 자존심 때문에 전쟁을 벌여서 많은 사람을 죽게 하는 것보다는 나았겠네요."

나선애가 팔짱을 끼며 말했다.

"그래. 인종은 당시 고단하기 짝이 없던 백성들의 삶을 돌보는 데도 노력을 기울였어. 관리들을 각지로 보내 농사가 잘되도록 보살피게 했고, 병이 든 백성들을 돕는 관청에 많은 물자를 내리도록 했어. 신하들에게는 사치하지 말고 검소한 생활을 하라고 강조하며, 스스로 먼저 모범을 보였어. 또 사람들이 우리의 역사를 공부해서 교훈을 얻게 하려고 김부식에게 《삼국사기》를 짓도록 하기도 했어. 그 덕분에 지금 우리가 옛 역사에 대해 많은 것을 알 수 있게 된 거야."

"흠, 근본적인 해결책 같진 않지만, 노력을 하긴
했네요."

수재가 안경을 콧잔등 위로 밀어 올리며 말했다.

"물론 많은 한계가 있었지. 자연재해를 막는 것은
지금도 힘든 일이니, 이때는 얼마나 어려웠겠니?
더구나 한창 기세를 올리던 금나라를 상대하기도
만만치 않았을 테고. 그 와중에 이자겸이나 묘청과
도 맞서야 했지. 인종은 고려를 다시 안정시키기
위해서 여러 노력을 해봤지만, 당시 상황에서 좋은
결과를 보기는 어려웠던 것 같아. 결국 그 이후 고려
의 역사는 그 이전과는 전혀 다른 방향으로 흘러가게
되었지."

청동 도장 인종의 무덤인
장릉에서 발견되었어. 사자 두
마리가 앞발로 구슬을 받치고
서 있는 모양이야. 인종의
권위를 보여 주는 상징물이지.

"어떻게요?"

곽두기가 궁금한 표정으로 물었다.

"그 이야기는 다음 시간에 해야할 것 같구나. 또 엄청나게 큰 사
건들이 기다리고 있으니까. 오늘 수업은 여기까지."

"와, 드디어 수업 끝났다! 근데 선생님, 너무 많은 얘길 들었더니
머리가 아파요. 밥 먹으면 괜찮아질 것 같은데……."

장하다가 너스레를 떨자 용선생이 빙긋 웃었다.

“그래, 수업 듣느라 고생 많았다. 그럼 우리 굴비 먹으러 갈까?
선생님이 크게 한턱 쏠게!”

  용선생의 호기로운 말에 아이들이 “와아~” 환호성을 질렀다. 생
선을 싫어하는 허영심만 울상을 짓고 있었다.

그럼
5권에서
계속!

나선애의 정리노트

1. 이자겸의 난

① 배경: 이자겸의 권력이 왕권을 위협할 정도로 커짐

     * 이자겸은 어떻게 권력을 키웠지? 왕실과의 결혼을 통해!

② 과정: 인종이 이자겸을 제거하고자 함

     → 이자겸이 척준경과 함께 난을 일으킴

③ 결과: 인종이 척준경을 포섭하는 데 성공!

     → 척준경이 이자겸을 기습함

2. 묘청의 난

① 배경

- 이자겸의 난으로 왕권이 약해짐
- 고려가 거꾸로 금나라를 섬기게 됨
- 계속되는 자연재해들과 전염병

→

나라가 망할지도 모른다는 큰 불안감

② 과정: 묘청이 등장하여 풍수지리설을 배경으로 서경 천도를 주장

     → 김부식 등의 반대 + 자연재해

     → 묘청이 서경에서 난을 일으킴

③ 결과: 김부식이 이끄는 군대에 진압됨

3. 그 후, 인종이 한 일

① 송나라를 멀리하고 금나라와 가깝게 지냄

② 사치를 금지함

③ 백성들의 삶을 보살핌

④ 김부식에게 《삼국사기》를 짓게 함

용선생의 역사 카페

역사계의 슈퍼스타,
용선생의 역사 카페에
오신 걸 환영합니다

Log in

게시판 ⌄

📄 역사가 제일 쉬웠어용!
📄 이제는 더~ 말할 수 있다!
📄 필독! 용선생의 매력 탐구
📄 전교 1등 나선애의 비밀 노트

척준경, 영웅에서 반역자로

척준경은 가난한 집에서 태어나 제대로 배우지 못했지만 무예 실력은 매우 빼어났어. 그래서 어려서부터 동네 불량배들과 어울리며 주먹을 쓰고 다녔지. 어른이 돼서도 변변한 일자리를 구하지 못하다가, 운 좋게 왕실 호위군에 뽑혀 들어갈 수 있었어. 그런데 마침 그 무렵, 나라에서 여진족과 크게 전쟁을 벌이게 되었어. 척준경도 이 전쟁에 나가게 되었지.

척준경은 모두가 몸을 사리는 어려운 싸움일수록 앞장을 섰어. 여진족이 가득한 적진으로 돌격해서 적 장수의 목숨을 빼앗아 기세를 올리곤 했지. 척준경의 활약을 보고 용기가 솟은 고려군은 힘을 내어 전투에서 큰 승리를 거두곤 했어.

하지만 전쟁이 길어질수록 여진족과의 전쟁은 고려군에게 불리해졌어. 심지어 총사령관이었던 윤관마저 겹겹이 적에게 둘러싸여 목숨을 잃을 지경에 처했지.

멀리서 그 모습을 본 척준경은 급히 말을 몰아 적진으로 뛰어들려 했어. 그러자 주변의 모두가 위험하다고 말렸어. 하지만, 척준경은 "나는 한 몸을 국가에 바쳤으니 의리상 가만히 있을 수 없다!"라고 호통을 치며 윤관을 구하러 말을 달렸지. 서슬 퍼런 척준경의 기세에 여진군이 주

춤한 순간, 고려의 구원군이 도착해서 윤관은 목숨을 건질 수 있었어. 감격한 윤관은 척준경에게 "앞으로 자네를 자식처럼 대할 테니, 나를 아버지처럼 여기거라!"라고 눈물을 흘리며 말했지. 이 공으로 척준경은 높은 벼슬을 받았단다.

척준경이 이렇게만 평생을 살았더라면, 아마 지금 우리의 머릿속에는 용맹한 장군으로 남아 있었을 거야. 하지만 안타깝게도, 척준경은 그 뒤로 잘못된 길을 가고 말았어. 일단 높은 자리에 올라 부와 권력을 맛보게 되자, 더 큰 부와 권력을 원하게 되었던 거야. 그리고 그것을 얻기 위해 다른 사람을 해치는 일도 거리낌 없이 하게 되었지.

결국 척준경은 얼마 뒤 반역자로 몰려 쫓겨났고, 불우하게 죽음을 맞았어. 그리고 그가 죽은 지 거의 1천 년이 지난 오늘날까지도 '반역자'로 낙인찍혀 손가락질을 받고 있지. 그가 욕심을 부리지 않고 처음의 강직했던 마음을 지켰더라면 얼마나 좋았을까?

COMMENTS

장하다 : 와, 정말 용감하긴 용감했네요.

↳ 용선생 : 그래, 한번은 여진족 2만 명이 영주성을 공격했는데, 달랑 결사대 100명을 이끌고 2만 명과 싸워 적군 19명의 목숨을 빼앗았다지.

한국사 퀴즈 달인을 찾아라!

달인을 찾아라!

달인 트로피

출발!

01 ★★☆☆☆

오늘은 두 번의 반란에 대해 배웠지? 어떤 반란들인지 기억나니? (　　　　)

① 척준경의 난, 묘청의 난
② 이자겸의 난, 척준경의 난
③ 이자겸의 난, 묘청의 난
④ 이자연의 난, 요청의 난

02 ★★☆☆☆

아이들이 이자겸과 척준경에 대해 얘기를 나누고 있어. 그런데 한 아이가 딴소리를 하고 있잖아. 그게 누굴까? (　　　　)

 ① 이자겸은 정말 이상해. 어떻게 손자랑 딸을 결혼시킬 생각을 했지?

 ② 권력을 위해서라면 못할 게 없었나 봐. 그건 척준경과 비슷한 것 같아.

 ③ 하긴 척준경도 궁궐에 불을 지르면서까지 권력을 지키려 했으니까.

 ④ 하지만 이자겸과 척준경의 사이는 갈라지게 되었어.

 ⑤ 인종이 묘청을 시켜서 이 둘의 사이를 이간질시켰지.

03 ★★★★★

나선애가 고려의 한 승려를 소개하고 있어. 이 승려에 대한 설명으로 옳지 않은 것은 무엇일까? (   )

> 이 승려는 서경에서 신통한 재주가 있다고 유명했어. 서경 출신 신하들이 이 승려를 인종에게 소개했지.

① 서경에 새로운 나라 '대위'를 세웠다.

② 서경으로 수도를 옮기자고 주장했다.

③ 인종이 자신을 멀리하자 난을 일으켰다.

④ 수도를 옮기면 거란이 고려를 섬기게 될 것이라고 주장했다.

04 ★★★★☆

인종이 고려의 왕으로 있을 때 있었던 사건들이야. 이 사건들을 일어난 순서대로 늘어놓아 볼래?

> ① 묘청이 수도를 개경에서 서경으로 옮겨야 한다고 주장하다.
> ② 인종이 이자겸과 척준경을 차례로 귀양 보내다.
> ③ 인종이 이자겸의 딸들과 결혼하다.
> ④ 척준경이 궁궐에 불을 지르다.
> ⑤ 묘청이 서경에서 난을 일으키다.

(   ) – (   ) – (   ) – (   ) – (   )

• 정답은 253쪽에서 확인하세요!

교과서에 나오는 **한국사-세계사 연표**

한국사

	936년	고려가 후삼국을 통일하다
	943년	왕건이 〈훈요 10조〉를 남기다
	947년	정종이 서경에 궁궐을 새로 짓다
	956년	광종이 노비안검법을 실시하다
	958년	광종이 과거 제도를 실시하다
	976년	경종이 전시과를 만들다
	982년	최승로가 성종에게 〈시무 28조〉를 올리다
	983년	전국 각지에 직접 관리를 내려보내 다스리게 하다(12목 설치)
	992년	국자감을 설치하다
	993년	거란이 쳐들어오자 서희가 협상에 나서 강동 6주를 얻다
	997년	높은 관리의 자손들에게 벼슬을 주는 음서를 실시하다
1000년	**1009**년	강조가 반란을 일으켜 목종을 죽이고 현종을 왕위에 올리다
	1010년	거란이 강조의 반란을 구실로 두 번째로 쳐들어오다
	1019년	거란이 세 번째로 쳐들어오자 강감찬이 귀주에서 거란군을 물리치다
	1029년	개경의 가장 바깥쪽 성벽인 나성이 완성되다
	1033년	압록강 하구에서 동해안에 이르는 천리장성을 쌓기 시작하다
	1044년	천리장성을 완성하다
	1063년	거란에서 고려로 대장경을 보내오다
	1065년	문종의 넷째 아들인 의천이 승려가 되다
	1071년	송나라와 국교를 다시 맺다
	1085년	통도사에서 장생표를 세워 절 소유의 땅 경계를 표시하다
	1087년	《초조대장경》을 완성하다
	1097년	주전도감을 설치하다
1100년	**1102**년	화폐인 해동통보를 사용하기 시작하다
	1104년	고려군이 여진족에게 패하자 윤관이 별무반을 만들다
	1107년	윤관이 여진족을 물리치고 동북 9성을 쌓다
	1109년	동북 9성을 여진족에게 돌려주다
	1122년	인종이 14살의 어린 나이에 즉위하다
	1126년	이자겸이 반란을 일으키다
	1135년	묘청이 서경에서 반란을 일으키다
	1145년	김부식이 《삼국사기》를 편찬하다
	1146년	의종이 즉위하다

금동탑

강감찬 기마 동상

대각 국사 의천

김부식

	937년	거란이 나라 이름을 '요'로 고치다
	960년	송나라가 건국되다
	962년	오토 1세가 고대 로마 제국 계승을 표방한 신성 로마 제국의 황제가 되다
	969년	튀니지의 파티마 왕조가 이집트를 정복하고 카이로로 수도를 옮기다
	976년	이슬람 지역 최초의 대학인 알 아즈하르가 카이로에 세워지다
	985년	촐라 왕국에서 라자라자 1세가 즉위하여 남인도의 패권을 잡다
	987년	프랑스에서 위그 카페가 왕이 됨으로써 카페 왕조가 시작되다

오토 1세 동상

1000년	**1004년**	거란이 송나라를 굴복시키고 매년 은 10만 냥과 비단 20만 필을 받기로 하다
	1009년	베트남에 리 왕조가 들어서고 수도를 하노이로 정하다
	1037년	셀주크 가문이 지금의 중동 지역에 셀주크 왕조를 세우다
	1042년	송나라가 거란에 매년 은 20만 냥과 비단 30만 필을 주기로 약속하다
	1044년	중국에서 최초로 화약 제조법을 담은 《무경총요》가 출판되다
	1054년	기독교가 로마 카톨릭과 동방 정교회로 갈라지다
	1066년	프랑스 북부 노르망디를 다스리던 윌리엄 1세가 잉글랜드를 정복하다

카노사의 굴욕

	1069년	송나라에서 왕안석이 재정 위기를 극복하고 농민을 보호하는 개혁 정책을 펼치다
	1077년	신성 로마 제국 황제가 카노사성 앞에서 교황에게 무릎을 꿇다(카노사의 굴욕)
	1086년	잉글랜드 국왕 윌리엄 1세가 세금을 걷기 위해 전국을 조사하여 조세 대장을 작성하다
	1095년	클레르몽 공의회가 열리다
	1096년	이슬람 세력이 팽창하자 위기 의식을 느낀 유럽이 십자군 전쟁을 일으키다
1100년	**1106년**	잉글랜드 왕 헨리 1세가 왕위 계승 다툼에서 형 로버트를 무찌르다

십자군

	1115년	여진족이 금나라를 세우다
	1122년	황제가 주교 임명권을 포기하는 대신 주교 후보를 거부할 권리를 갖다(보름스 협약)
	1125년	금나라가 요나라를 멸망시키다
	1127년	금나라에 쫓겨난 송나라가 남쪽의 항주에서 남송을 건국하다
	1141년	남송의 재상 진회가 금나라와의 전쟁을 주장하는 장군 악비에게 누명을 씌워 죽이다
	1147년	제2차 십자군이 조직되다

찾아보기

참고문헌

도록

《고려불화대전》, 국립중앙박물관, 2010

《고려 시대를 가다》, 국립중앙박물관, 2009

《고려 왕실의 도자기》, 국립중앙박물관, 2008

《고려청자 보물선: 강진, 태안, 그리고…》, 국립해양유물전시관, 2008

《국립공주박물관》, 국립공주박물관, 2010

《국립광주박물관》, 국립광주박물관, 2010

《국립김해박물관》, 국립김해박물관, 1998

《국립민속박물관》, 국립민속박물관, 1997

《국립중앙박물관》, 국립중앙박물관, 2000

《국립중앙박물관 100선》, 국립중앙박물관, 2006

《마음을 담은 그릇, 신안향로》, 국립중앙박물관, 2008

《북한의 문화재와 문화 유적》, 서울대학교출판부, 2002

《서울의 도요지와 도자기》, 서울역사박물관, 2006

《오구라 컬렉션 한국문화재》, 국립문화재연구소, 2005

교과서

초등학교 5학년 2학기 《사회》, 2015

초등학교 5학년 2학기 《사회》, 2019

초등학교 6학년 1학기 《사회》, 2016

초등학교 《사회과부도》, 2019

주진오 외, 《중학교 역사(상)》, 천재교육, 2011

주진오 외, 《중학교 역사(하)》, 천재교육, 2012

한철호 외, 《고등학교 한국사》, 미래엔컬처그룹, 2011

책

김돈, 《뿌리 깊은 한국사》, 솔, 2014

김부식, 《삼국사기》, 한길사, 1998

김영미 외, 《고려 시대의 일상 문화》, 이화여자대학교출판부, 2009

김위현, 《고려시대 대외관계사 연구》, 경인문화사, 2004

김인호 외, 《미래를 여는 한국의 역사 2》, 웅진지식하우스, 2011

김종서, 《고려사절요 상》, 신서원, 2004

김종서, 《고려사절요 중》, 신서원, 2004

김종서, 《고려사절요 하》, 신서원, 2004

김창현 외, 《고려 500년, 의문과 진실》, 김영사, 2001

김창현, 《고려의 불교와 상도 개경》, 신서원, 2011

김창현, 《광종의 제국》, 푸른역사, 2005

김창현, 《윤관과 묘청 천하를 꿈꾸다》, 경인문화사, 2008

김호동, 《고려 무신정권시대 문인지식층의 현실대응》, 경인출판사, 2005

류희경, 《우리 옷 이천 년》, 미술문화, 2008

르네 그루세, 《유라시아 유목제국사》, 사계절출판사, 1998

박용운, 《고려사회와 문벌귀족가문》, 경인문화사, 2003

박용운, 《고려시대사》, 일지사, 2008

박용운, 《고려의 고구려계승에 대한 종합적 검토》, 일지사, 2006

박종기, 《새로 쓴 5백년 고려사》, 푸른역사, 2008

박종기, 《지배와 자율의 공간 고려의 지방사회》, 푸른역사, 2002

박종진, 《고려시기 재정운영와 조세제도》, 서울대학교출판부, 2000

박한제, 《아틀라스 중국사》, 사계절출판사, 2007

서긍, 《고려도경》, 서해문집, 2005

송은명, 《인물로 보는 고려사》, 시아출판사, 2003

아틀라스 한국사 편찬위원회, 《아틀라스 한국사》, 사계절출판사, 2004

안주섭, 《고려 거란 전쟁》, 경인문화사, 2003

안지원, 《고려의 불교의례와 문화》, 서울대학교출판문화원, 2011

역사비평 편집위원회, 《논쟁으로 읽는 한국사 1》, 역사비평사, 2009

역사비평 편집위원회, 《역사용어 바로쓰기》, 역사비평사, 2006

역사신문편찬위원회, 《역사신문 2》, 사계절출판사, 1996

윤경진, 《아! 그렇구나 우리 역사 7》, 여유당, 2005

이기백 외, 《고려사 병지 역주》, 일조각, 2011

이기영, 《나, 깨진 청자를 품다》, 효형출판, 2011

이윤섭, 《역동적 고려사》, 필맥, 2004

이이화, 《역사 속의 한국불교》, 역사비평사, 2002

이이화, 《한국사 이야기 5. 최초의 민족통일국가 고려》, 한길사, 1999

이이화, 《한국사 이야기 6. 무신의 칼 청자의 예술혼》, 한길사, 1999

이정신, 《고려시대의 정치변동과 대외정책》, 경인문화사, 2004

일연, 《삼국유사》, 을유문화사, 1994

임기환 외, 《현장 검증 우리 역사》, 서해문집, 2010

임영미, 《한국의 복식문화 1》, 경춘사, 1996

임용한, 《난세에 길을 찾다》, 시공사, 2009

임용한, 《전쟁과 역사 2 거란·여진과의 전쟁》, 혜안, 2004

임용한, 《전쟁과 역사 3 고려 후기편: 전란의 시대》, 혜안, 2008

전국역사교사모임 외, 《마주 보는 한일사 1》, 사계절출판사, 2006

전국역사교사모임, 《살아있는 한국사 교과서 1》, 휴머니스트, 2012

전상운, 《한국 과학사》, 사이언스북스, 2000

정성희, 《인물로 읽는 고려사》, 청아, 2000

정양모, 《고려청자》, 대원사, 1998

정은우, 《불상의 미소》, 보림, 2008

중국사학회, 《중국역사박물관 7》, 범우사, 2004

진정환 외, 《석조미술》, 국립중앙박물관, 2006

채웅석, 《고려시대의 국가와 지방사회》, 서울대학교출판부, 2000

최정환, 《고려 정치제도와 녹봉제 연구》, 신서원, 2002

최형철, 《박물관 속의 한국사》, 휴머니스트, 2007

한국사연구회, 《새로운 한국사 길잡이 上》, 지식산업사, 2008

한국사특강편찬위원회, 《한국사특강》, 서울대학교출판부, 2008

한국생활사박물관 편찬위원회, 《한국생활사박물관 7》, 사계절출판사, 2002

한국역사연구회, 《개경의 생활사》, 휴머니스트, 2007

한국역사연구회, 《고려시대 사람들은 어떻게 살았을까 1》, 청년사, 2005

한국역사연구회, 《고려시대 사람들은 어떻게 살았을까 2》, 청년사, 2005

한국역사연구회, 《고려의 황도 개경》, 창비, 2002

한국역사연구회, 《모반의 역사》, 세종서적, 2001

한영우, 《다시 찾는 우리역사 1》, 경세원, 2010

허흥식, 《고려불교사연구》, 일조각, 1986

홍윤식, 《한국의 불교미술》, 대원사, 2003

황인규, 《고려시대 불교계와 불교문화》, 국학자료원, 2011

사진 제공

정답

1교시
01 ①
02 ①
03 궁예, 견훤, 왕건
04 ③
05 ③

2교시
01 1대 태조/ 3대 정종
4대 광종/ 6대 성종
02 ①-ⓑ ②-ⓐ ③-ⓒ
03 ②
04 ⑤

3교시
01 ③
02 ②
03 ⑤
04 ②
05 송나라는 고려와 친하게 지내려고
노력했다

4교시
01 ②
02 ②
03 ③
04 ④
05 ① 음서
② 과거
③ 전시과

5교시
01 ②
02 ③
03 ④
04 ②
05 ④

6교시
01 ②
02 ③
03 ②
04 ②
05 ②

7교시
01 ③
02 ⑤
03 ④
04 ③ - ④ - ② - ① - ⑤

용선생의 시끌벅적 한국사 ④ 고려의 기틀을 다지다

저자 현장 강의 전면 개정판(양장판) 1쇄 발행 2023년 5월 2일
저자 현장 강의 전면 개정판(양장판) 2쇄 발행 2024년 8월 23일

글 김우택, 금현진, 송용운 | 그림 이우일
정보글 송용덕 | 지도 박소영, 조고은 | 기획 세계로
검토 및 추천 전국초등사회교과모임
자문 및 감수 정요근
어린이사업본부 이승필
편집 김형겸, 오영인
마케팅 윤영채, 정하연
경영지원 나연희, 주광근, 오민정, 정민희, 김수아, 김승현
디자인 가필드
조판 디자인 구진희, 최한나
사진 북앤포토, 포토마토

펴낸이 윤철호
펴낸곳 (주)사회평론
전화 02-326-1182
팩스 02-326-1626
주소 03993 서울시 마포구 월드컵북로6길 56 사평빌딩
용선생 클래스 yongclass.com
용선생 카페 cafe.naver.com/yongyong
출판등록 1993년 10월 6일 제 10-876호

ⓒ 사회평론, 2016

ISBN 979-11-6273-269-4 63900

종이에 손을 베지 않도록 주의하세요.
책 모서리에 다칠 수 있으니 책을 던지지 마세요.